JN090377

小学校英語教育への

AI導入は可能なのか

中村 典生・小林 透（共編著）

科学研究費　基盤研究（B）
研究課題/領域番号　19H01285
「小学校英語教育におけるAIとの共存を目指した
アバターの開発と教育現場への導入」　成果報告書

はじめに

本書編著者の一人である中村典生が長崎大学に赴任したのは2015年４月である。それから３年が経った2018年頃、ようやく周りの様子が見えてきた。長崎県が日本で一番多い971（現在数え直しにより1479）もの島嶼を抱える県であるということ。教育環境も含め、離島と本土部の格差も問題であると考えられていること。長崎県は小規模校の割合が日本で第５位であること、またへき地等指定学校数が全国３位であること。等々である。くしくも2018年度は2020年度からの小学校英語の教科化等に向けて、学習指導要領の移行期間が開始される年度でもあった。島嶼やへき地・小規模校が多い長崎県にあって、今後どのような研究をすれば、少しでも長崎県の、そして日本の、英語教育の役に立つだろうかと考えた。

そんなとき出会ったのが、長崎大学情報データ科学部教授であり、長崎大学副学長（情報担当、当時）であった小林透先生である。先生は人工知能（Artificial Intelligence, 以下 AI）研究の第一人者であり、すでに医療等多くの分野で成果を挙げておいでだった。この出会いは偶然ではないように思われた。小学校英語教育における多くの課題が、AI を使えばかなり解決できるように思われたからである。

そこでまず、以下のように小学校英語に関する問題を整理した。

（１） a. 主たる指導者である担任教師の英語力不足

b. Assistant Language Teacher（外国語指導助手、以下

ALT）の人数不足

c. 離島等のへき地・小規模校と中・大規模校との指導環境格差

本書は科学研究費基盤Bの助成を得て、小林教授とともに英語コミュニケーション能力を備えたアバター（分身キャラクター）をAIを用いて製作し、試験的に小学校の英語教育に導入することで、（1）に掲げた問題を解決しようと試みた4年間の研究をまとめたものである。

本書は5章で構成されている。第2章については、2022年度に執筆された平瀬なつみ氏の学士論文「小学校英語教育「話すこと（やり取り）」における英会話AI活用による効果」、2021年度に執筆された野寄寛太氏の学士論文「児童の視点から見る 小学校外国語教育における AI 活用の利点と課題の分析」を一部引用している。また、第3章については、2020年度に執筆された板井李香氏の学士論文「小学校外国語教育に応用できる児童の発想に寄り添った AI データの収集と分析」を一部引用するとともに、2020年度当時大学院生であった寺田よしみ氏が作成したワード・コネクションのデータを参考にしている。以上の学士論文等については、いずれも長崎大学教育学部、大学院教育学研究科中村典生ゼミナール所属メンバーによるものである。

第4章については、2021年度に執筆された当時工学研究科小林透研究室所属であった秋山巧磨氏の修士論文の大部分を掲載している。このように、本書は多くの方々の協力がなければ決して完成の日の目を見なかったものである。上記の皆様方には記して心より御礼申し上げたい。

また、本研究全般にわたり、ご協力をいただいた長崎大学情報データ科学部の荒井研一准教授、データ分析に継続的にお世話になった一般社団法人あかつき心理・教育相談室代表の林田宏一先生、連絡調整からAIデータの入力まで引き受けて下さった長崎大学戦略職員・工学研究科大学院生の松尾未央子氏にもあらためて感謝の意を表したい。

なお、表紙にもあるように、本書はJSPS科研費19H01285の助成を受けた研究の報告書である。この助成なくして本研究は成り立たない。あらためて御礼申し上げたい。

CONTENTS

A B C

第 1 章

本研究の視点と小学校英語の現状

第１章　本研究の視点と小学校英語の現状

1　本研究の視点

本研究の目的は「小学校英語教育に活用できるAIを製作し、実際に小学校英語教育の現場に導入すること」である。但し、単にものを作って使ってもらって終わりではない。大事なのはその理念である。

本研究の学術的背景、研究課題の核心をなす学術的「問い」は現場における教員とAIとの共存である。昨今外国語教育に関しては、「スマホの翻訳機能さえあれば外国語教育などは必要ない」というような議論もある。これはAIと教育を対峙させる立場であるが、本研究の学術的な「問い」は、対峙ではなく、教育現場におけるAIと教員との「共存」である。実際、小学校学習指導要領総則（平成29年３月版）の冒頭ページには、以下のような文言がある。

（前略）こうした変化の一つとして、人工知能（AI）の飛躍的な進化を挙げることができる。人工知能が自ら知識を概念的に理解し、思考し始めているとも言われ、雇用の在り方や学校において獲得する知識の意味にも大きな変化をもたらすのではないかとの予測も示されている。このことは同時に、人工知能がどれだけ進化し思考できるようになったとしても、その思考の目的を与えたり、目的のよさ・正しさ・美しさを判断したりできるのは人間の最も大きな強みであるということの再認識につながっている。

AIが学習指導要領で言及されたのはこれが初めてであり、教育現場においては今後どのようにAIと向き合って行くのか、問いかけられていることがわかる。

英語教育という分野は、いつも機器の利用に関しては最先端を走ってきた分野である。外国語を学ぶ際、より臨場感のある効果的な学習環境を作るためには、外国語の生の音声や映像が必要となるからである。かつてのオープンリール、カセットテープ、8ミリ。そしてCD、DVD、電子黒板等々、他教科に先駆け、英語教育ではこれらの機器を真っ先に導入し活用してきた。しかし一方で、AIの利用に関しては思いのほか少し躊躇があるように感じられる。もちろん、授業に活用できるほど優れたAIがまだ完成していないことも理由の一つである。加えて、これは本章中で後に詳しく述べるが、AIが教員の存在自体を脅かすものになる可能性があると考える教員がいることも理由であるように思われる。実際、中学校教員複数名とのある情報交換会でAIの話になった際、「AIは生徒間の会話の妨げとなるので必要ない」という極端な考え方の方々があまりにも多く、司会者と顔を見合わせたことがあった。何かAIを毛嫌いをしている、あるいは恐れているような感じすらあった。

筆者はあくまでもAIは人が利活用するものであると考える。決して英語教育とAIを対峙させたり、ましては教員を駆逐するものではない。むしろ全く逆である。これは、前述の学習指導要領総則編に書かれていたことに通ずる考え方である。AI について正しく理解するとともに、特定のコミュニケーション機能を有した AI を上手に利用すれば、これまで使用してきた機器以上に AI が「頼りになる存在」「パートナー」になるはずである。これを成すことが AI と教員の「共存」であり、本研究の最も根幹をなる視点である。

外国語教育の中でも、現在特に AI との共存を目指すべきであると考えられるのが2020年から大きな改革が全面的に断行された小学校英語教育の現場である。その根拠は以下の通りである。

（2） a. 小学校の英語指導は主として担任が行うこととされているが、小学校教員の多くが英語を苦手としている（英語の教員免許を有している教員は全国で８％前後）。授業の際、この担任の補助を AI が行うことができる可能性がある。

b. ALT（外国人指導助手）の数が不足しているが、この代役を AI が担うことができる可能性がある。

c. 都市部の中・大規模校と比べると、離島やへき地などの小規模校においては、ALT が来ないことやコミュニケーション相手の固定化などの問題が見られるが、このような都市部と離島・へき地の指導環境格差を、AI を利用して埋めることができる可能性がある。

（2 a-c）をどのように実現するかを端的に示したのが以下の図１－４である。

（図1） **ALT 代わりの AI と、教師が対話して見せる**

（図2） **AI を活用した会話練習で教員の英語力を伸ばす**

（図3） **ALT 代わりの AI と児童が対話する**

（図4） **AI アバターを選べるようにし、コミュニケーションの相手を増やす**

図１は小学校英語の授業で（２a）教員の英語力不足、（２b）ALT 不足を補う場面である。小学校では実際にやり取りを実演して見せて説明することが多いが、担任教員だけではやり取りを見せることができず、英語力不足も重なって単調な授業になりやすい。AI アバターとのやり取りを見せることで、小学校英語教育の基本である「百聞は一見にしかず」を実現する。これを解消するとともに、どのように言えばいいかわからない語や表現を、例えば “How do you say 水族館 in English?” と教師が AI アバターに尋ね、その

場で回答を得ることもできる。

図２は教員がAIアバターと会話練習をすることで、（２a）教員の英語力不足の解消を目指すものである。

図３は（２b）ALT不足を補うために、AIアバターがALTの代わりとなって児童とのやりとりをするものである。

図４は複数の個性を持ったAIアバターを作り、会話の相手を増やすことで、（２b）のALT不足を補うこと、（２c）都市部の学校と離島等のへき地小規模校との格差を解消しようとするものである。

以上はいずれも先に挙げた、小学校英語教育現場でのAIと指導者である教員との共存を目指すものである。担任が安易にAIに頼るのではなく、頼りになるパートナーとして使いこなせるようAIをカスタマイズし、授業がより効果的なものになることがねらいである。

2　小学校英語教育の現状と課題

2017年３月、現行の学習指導要領が告示された。2018年度から2019年度は新学習指導要領への移行期間となり、2020年度から小学校では現行版学習指導要領が全面実施となった。中学校、高等学校も小学校に続いて新学習指導要領の実施となっている。この流れを図で示すと以下（図５）のようになる。

小学校で新学習指導要領が全面実施されたことによって、英語教育には大きな変化が生じた。５・６年生で行われていた外国語活動

新学習指導要領への移行期と全面実施年度

	2018年度	2019年度	2020年度	2021年度	2022年度
小学校	移行期	移行期	全面実施		
中学校	移行期	移行期	移行期	全面実施	
高等学校		移行期	移行期	移行期	1年生より順次実施

（図5）2018年度から2022年度までの流れ

が3・4年生から実施され、そして史上初めて5・6年生で外国語（英語）が教科化されたのである。2011年に外国語活動は5・6年生で必修化されてはいたが、これはあくまでも教科ではなく、領域としての必修化であった。しかしやはり教科となれば指導内容も高度化し、数値的な評価・評定も行い、定着もめざすこととなる。教員としてはこれまで以上の英語力・指導力が求められるようになるのは必定である。

このような状況の中で、当然いくつかの問題も生じて来ている。ここでは、特に「主たる指導者の問題」と「ICTの活用についての問題」を挙げる。

指導者の問題については、先述のように高学年の教科化に伴い、担任ではなく、より専門性の高い専科教員等が指導するという流れも生じている。また、小学校高学年の特定教科では徐々に教科担任制を導入するという動きもある。以下は2021年7月に示された、「義務教育9年間を見通した指導体制の在り方等に関する検討会議」の報告書の一部である[1]。

（教科担任制導入の趣旨・目的）

- 教材研究の深化等により、高度な学習を含め、教科指導の専門性を持った教師が多様な教材を活用してより熟練した指導を行うことが可能となり、授業の質が向上。児童 の学習内容の理解度・定着度の向上と学びの高度化を図る。
- 小・中学校間の連携による小学校から中学校への円滑な接続（中1ギャップの解消等）を図る。
- 複数教師（学級担任・専科教員）による多面的な児童理解を通じた児童の心の安定に資する。
- 教師の持ちコマ数の軽減や授業準備の効率化により、学校の教育活動の充実や教師の負担軽減に資する。 など

（図6）教科担任制について

このように、教科担任制を導入することで、より授業の質を向上させ、学習内容の定着を図ろうとすることがわかる。

また、2022年に示された「令和3年度英語教育実施状況調査」の結果によれば、小学校における外国語教育担当者等の現状は以下のようになっている[2]。

1　以下を参照。https://www.mext.go.jp/b_menu/shingi/chousa/shotou/159/mext_00904.html

2　詳細は以下を参照。https://www.mext.go.jp/a_menu/kokusai/gaikokugo/1415043_00001.htm

学年	3・4学年		5・6学年
外国語（英語）教育の状況	外国語活動を実施	教科としての外国語を実施	教科としての外国語を実施
学級数	70,021	2,372	73,832
外国語教育担当教師数	76,039	2,894	81,340
学級担任	51,055	1,819	41,610
同学年他学級担任（授業交換等）	1,289	38	3,233
他学年学級担任（授業交換等）	1,046	15	1,183
専科教師等（当該小学校所属教師）	15,573	729	22,384
他小学校所属教師	3,073	53	6,589
中・高等学校所属教師	580	7	1,822
非常勤講師	2,800	233	3,938
特別非常勤講師	623	0	581

（図７）小学校における外国語教育担当者数

高学年を見てみると、全教師数81,340人中、学級担任は41,610人（約51％）となっている。学級担任以外で最も人数が多いのが専科教師等（当該小学校所属教師）の22,384人である。これまで小学校の英語教育における主たる指導者は学級担任であるという大きな流れがあったが、ここに来て加配等で担任以外の担当者がかなり多くなっていることがわかる。

もうひとつのICT活用の問題については、GIGAスクール構想ともリンクしている。この構想は、2019年の12月に閣議決定され、その後のコロナ禍も重なり、全国の小学校、中学校、義務教育学校、中等教育学校及び特別支援学校で2021年４月から前倒しされて全面実施となった教育の技術革新である。Society5.0 時代[3]に生きる子供たちにとってPC 端末はもはや生活の一部である。GIGA スクール構想は、１人１台端末と、高速大容量の通信ネットワークを一体的に整備することで、特別な支援を必要とする子供を含め、多様な子供たちを誰１人取り残すことなく、公正に個別最適化し、資質・能力が一層確実に育成できる教育環境を実現するというものである。また、これまでの教育実践と最先端のICT のベストミックスを図り、教師・児童生徒の力を最大限に引き出すこと、と示されている（図８）。

（図８）から、学校教育の中でICT を活用することは、子供たちの学習活動の一層の充実を実現したり、教師が多様な子供たちに対して様々な支援を見出したりすることが期待されていることが分かる。また、文部科学省（2020）では、１人１台のタブレット端末を持つことで充実する学習例として、調べ学習や表現・制作、遠隔教育、情報モラル教育を挙げている。具体例は次のように示されている[4]。

（３） a. 調べ学習：課題や目的に応じて、インターネット等を用い、記事や動画等様な情報を主体的に収集・整理・分析

3　サイバー空間（仮想空間）とフィジカル空間（現実空間）を高度に融合させたシステムにより、経済発展と社会的課題の解決を両立する人間中心の社会のこと。狩猟社会（Society1.0）、農耕社会（Society2.0）、工業社会（Society3.0）、情報社会（Society4.0）に続く新たな社会を指すもの。

4　GIGA スクール構想については、大山（2023: 14-16）も参照。

b. 表現・制作：推敲しながらの長文の作成や、写真・音声・動画等を用いた多様な資料・作品の制作

c. 遠隔教育：大学・海外・専門家との連携、過疎地・離島の子供たちが多様な考えに触れる機会、入院中の子供と教室をつないだ学び

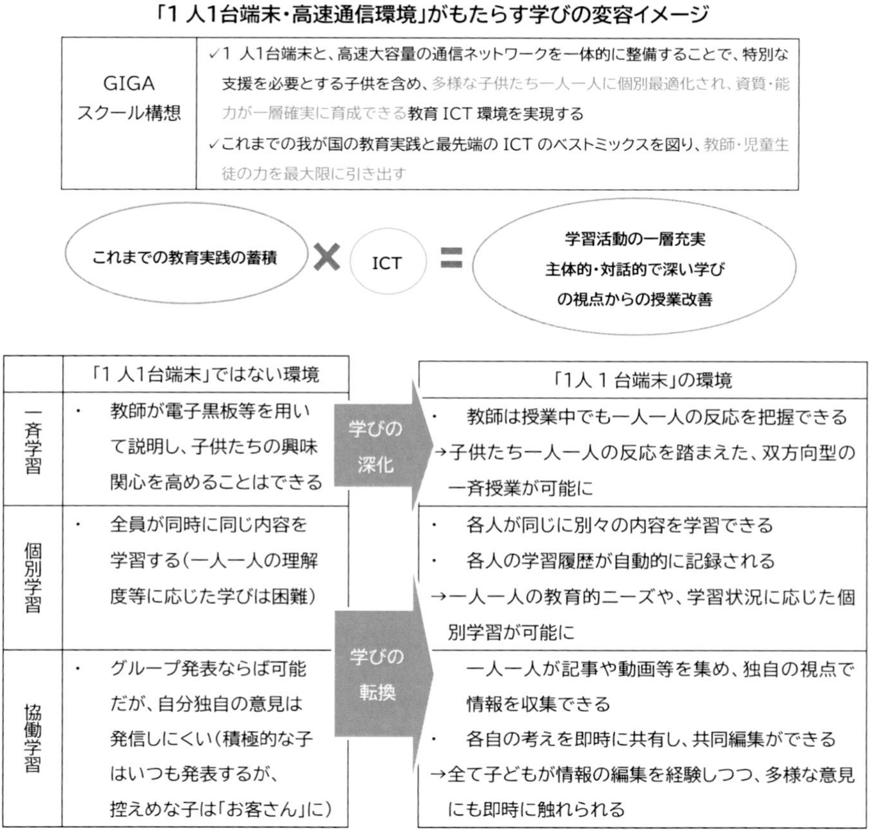

「1人1台端末・高速通信環境」がもたらす学びの変容イメージ

GIGAスクール構想	✓1人1台端末と、高速大容量の通信ネットワークを一体的に整備することで、特別な支援を必要とする子供を含め、多様な子供たち一人一人に個別最適化され、資質・能力が一層確実に育成できる教育ICT環境を実現する ✓これまでの我が国の教育実践と最先端のICTのベストミックスを図り、教師・児童生徒の力を最大限に引き出す

これまでの教育実践の蓄積 × ICT ＝ 学習活動の一層充実 主体的・対話的で深い学びの視点からの授業改善

	「1人1台端末」ではない環境		「1人1台端末」の環境
一斉学習	・教師が電子黒板等を用いて説明し、子供たちの興味関心を高めることはできる	学びの深化	・教師は授業中でも一人一人の反応を把握できる →子供たち一人一人の反応を踏まえた、双方向型の一斉授業が可能に
個別学習	・全員が同時に同じ内容を学習する（一人一人の理解度等に応じた学びは困難）		・各人が同じに別々の内容を学習できる ・各人の学習履歴が自動的に記録される →一人一人の教育的ニーズや、学習状況に応じた個別学習が可能に
協働学習	・グループ発表ならば可能だが、自分独自の意見は発信しにくい（積極的な子はいつも発表するが、控えめな子は「お客さん」に）	学びの転換	一人一人が記事や動画等を集め、独自の視点で情報を収集できる ・各自の考えを即時に共有し、共同編集ができる →全て子どもが情報の編集を経験しつつ、多様な意見にも即時に触れられる

（図8）「1人1台端末・高速通信環境」がもたらす学びの変容のイメージ

d. 情報モラル教育：実際に真贋様々な情報を活用する各場面（収集・発信など）における学習

（3a-d）から、1人1台のタブレット端末を上手に活用することが可能になると、学習のバリエーションが豊かになることが分かる。また、変化の激しい時代を生き抜くには従来の一斉教育だけではなく、多様な子ども達を誰一人取り残すことのない、個別最適化された創造性を育む教育の実現が重要であり、ICT教育で次世代の人材を育てる必要があると意図されていることがわかる。これらを持続的に実現させる構想がGIGAスクール構想である。1人1台端末の教育環境への転換で、一斉学習、個別学習、協働学習のそれぞれの場面で学びの深化や転換が起き、一人ひとりに合った学習が実現、児童の学びの質をより向上させることができると期待できると考えられている[5]。

以上の現状のまとめとして重要な部分は以下の通りである。

（4） a. 小学校5・6年生の外国語の教科化により、担当者の英語力・指導力が一層求められる状況にある。

b. 小学校高学年の外国語教育担当者として依然として一番割合が高いのは学級担任である。

c. GIGAスクール構想により、ICTの効果的な活用が期待されている。

5 GIGAスクール構想の議論については、以下にまとめられているので参照されたい。https://www.mext.go.jp/a_menu/other/index_00001.htm

以上を考えると、本研究で目指す「小学校英語教育に活用できるAIを製作し、実際に小学校英語教育の現場に導入すること」「教員とAIとの共存を図ること」は、現状の小学校英語教育に係る課題解決に非常に重要であることがわかる。

第 2 章

小学校英語教員と児童は AI について どのような印象を持っているのか

第2章 小学校英語教員と児童はAIについてどのような印象を持っているのか

1　インターフェイスについて[6]

本研究ではAIを汎用性のあるタブレットで使うことを想定しているが、教員や児童がどのようなインターフェイスを望んでいるかは明らかにしておく必要がある。

そこで、まず以下のような4種のインターフェイスを提示し、教員（27名）と児童（323名）にどのインターフェイスが会話相手として望ましいかを尋ねてみた。形式は以下A～Dに順位をつけてもらう形式である。

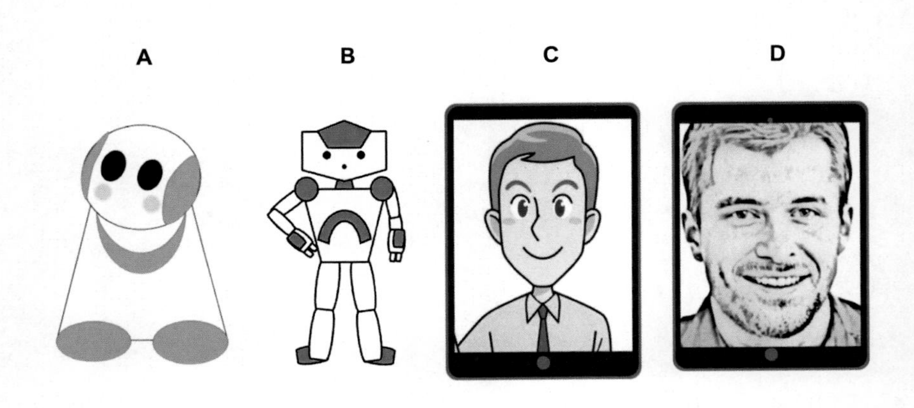

6　本節での議論は平瀬（2023）からの引用を多く含んでいる。

Aは身体性のないロボット型、Bは身体性のあるロボット型、Cはイラスト風のタブレット型、Dは写真風のタブレット型である。

結果は以下の通りであった。

(表2) インターフェイスに関するアンケート結果 (教員・児童)

教員27名の結果

	1位	2位	3位	4位
A　身体性のないロボット型	7	7	6	7
B　身体性のあるロボット型	1	13	9	4
C　イラスト風のタブレット型	19	0	7	1
D　写真風のタブレット型	0	7	5	15

児童323名の結果

	1位	2位	3位	4位
A　身体性のないロボット型	201	71	28	23
B　身体性のあるロボット型	65	131	90	37
C　イラスト風のタブレット型	32	86	142	63
D　写真風のタブレット型	25	35	63	200

教員と児童の比較を容易にするために、1位を4点、2位を3点、3位を2点、4位を1点とし、望ましいインターフェイスの順位づけをしてみた。その結果は以下の通りである。

(表3) インターフェイスに関するアンケート結果 (順位)

	教員		児童	
	合計点	順位	合計点	順位
A　身体性のないロボット型	68	2位	1096	1位
B　身体性のあるロボット型	65	3位	870	2位
C　イラスト風のタブレット型	91	1位	733	3位
D　写真風のタブレット型	46	4位	531	4位

以上のように、教員と児童で順位が異なる興味深い結果となった。教員は、C イラスト風のタブレット型が望ましい1位であったのに対し、児童は圧倒的に A 身体性のないロボット型が1位となった。児童の2位も B 身体性のあるロボット型であり、児童はタブレットより3次元的な形があるものを好んでいることがわかる。一方、最下位は教員・児童とも写真風のタブレット型であった。この理由として、児童からは「少し怖い」という声があがっていた[7]。児童はインターフェイスとして親しみがあるもの、あまり人間的過ぎないものを求めていることがうかがえる。

2 教員の AI に対する意識[8]

先にも述べた通り、これまで多くの機器を採り入れて来た英語教育であるが、AI の導入に関しては必ずしもそうではない雰囲気が感じられる。これを確かめるために、実際に小学校現場で英語教育に携わっている教員55名を対照として、AI に対する意識調査を行うこととした。

なお、以下のアンケートは外国語（活動）についてのアンケート（指導者対象）の一部であり、全41ある質問のうち、35までは本研究とは直接関係のない項目となっているため、省いている[9]。質問

7 児童のアンケートには自由記述部分があり、そこで記載されていたコメントを引用している。
8 本節での議論は平瀬（2023）からの引用を多く含んでいる。
9 このアンケートは教科担任制等の質問項目が1～35まであり、本稿とは関係のない内容であるため、質問36から40のみを抜粋している。

36-40に関しては、そう思う、少しそう思う、あまりそう思わない、そう思わないという 4 段階評価で回答してもらう。実際に行ったアンケートは以下の通りである。

（以下の質問36から質問41については、双方向の会話機能を有する人工知能（Artificial Intelligence, 以下 AI）を搭載しているタブレット端末等が利用可能であると仮定してお答えください。）

36	CD や DVD と同じように AI も授業に取り入れたい
37	授業中タブレット等を使って AI と児童が会話をすることは、かえって児童間の会話の機会を減らすこととなり、好ましくない
38	AI が進化すると英語教師の存在を脅かすことになり得る
39	携帯電話や AI 翻訳機などがあれば、学校教育の中で英語教育を行う必要はない、という考え方には一理ある
40	いくら AI が進化しても、所詮は機械であり、人間と対等にはなり得ない

以上の質問36から質問40の集計結果を（表 4）に示す。回答数は計55名である。

（表4）AI に対する意識に関するアンケート結果（教員）

		そう思う	少し そう思う	あまりそう 思わない	そう思わ ない
36	CD や DVD と同じように AI も授業に取り入れたい	9	30	15	1
37	授業中タブレット等を使って AI と児童が会話をすることは、かえって児童間の会話の機会を減らすこととなり、好ましくない	7	19	27	2
38	AI が進化すると英語教師の存在を脅かすことになり得る	3	10	27	15
39	携帯電話や AI 翻訳機などがあれば、学校教育の中で英語教育を行う必要はない、という考え方には一理ある	2	9	23	21
40	いくら AI が進化しても、所詮は機械であり、人間と対等にはなり得ない	20	20	13	2

質問36（CD や DVD と同じようにAIも授業に取り入れたい。）について、「そう思う」と回答した人が9人、「少しそう思う」と回答した人が30人、「あまりそう思わない」と回答した人が15人、「そう思わない」と回答した人が1人であることが分かる。このことから、55名中16名（29.1％）が「あまりそう思わない」、「そう思わない」と否定的な回答していることがわかる。

質問37（授業中タブレットなどを使ってAIと児童が会話することはかえって児童間の話の機会を減らすこととなり、好ましくない。）について、「そう思う」と回答した人が7人、「少しそう思う」と回答した人が19人、「あまりそう思わない」と回答した人が27人、「そう思わない」と回答した人が2人であった。肯定的な「そう思う」、「少しそう思う」が26人、否定的な「あまりそう思わない」、「そう思わない」が29人（52.7％）であることから、タブレットでAIと会話をすることが児童間の会話を減らすことにつながると考えている教員が半数以上いるということがわかる。この問題はかなり大きな問題であるように思われる。というのは、AIとの会話はゴールではなく、あくまでも児童間の言語活動、あるいは外国人との会話の前に行う補助ツールとすべきであると思われるからである。授業のどこでAIを使うかが、今後の問題になるであろうことが考えられる。

質問38（AIが進化すると英語教師の存在を脅かすことになり得る。）について、「そう思う」と回答した人が3人、「少しそう思う」と回答した人が10人、「あまりそう思わない」と回答した人が27人、「そう思わない」と回答した人が15人であることが分かる。「あまりそう思わない」「そう思わない」という否定的な意見が42人（76.4％）であることから、AIが進化しても英語教師の存在が脅かされることまでは考えていない人の方が多いという結果となった。

質問39（携帯電話やAI翻訳機などがあれば、学校教育の中で英語教育を行う必要はない、という考え方には一理ある）については、「そう思う」と回答した人が2人、「少しそう思う」と回答した人が9人、「あまりそう思わない」と回答した人が23人、「そう思わない」と回答した人が21人であることが分かる。「あまりそう思わない」「そう思わない」という否定的な回答が44人（80％）であることから、携帯電話やAI翻訳機があっても学校教育の中で英語教育を行う必要があると考える人が多いことは分かるが、むしろ20％が「英語教育を行わないことも一理ある」と思っていることは驚きである。そこで、もう少し掘り下げてみるために、回答を年代別（20代、30代、40代、50代、60代）に集計してみた。その結果は以下の通りである。

（表5）　質問39　クロス集計結果

	1. そう思う	2. 少しそう思う	3. あまりそう思わない	4. そう思わない	総計
20代	0	4	5	8	17
30代	1	4	3	3	11
40代	0	0	7	3	10
50代	0	0	5	5	10
60代	1	1	1	2	5
無回答	0	0	2	0	2
総計	2	9	23	21	55

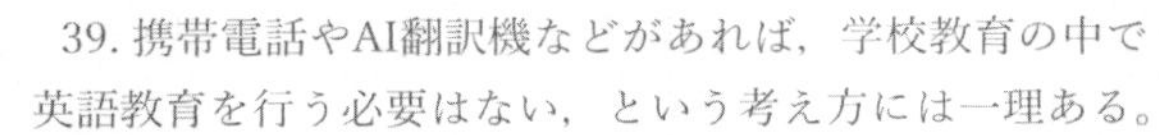

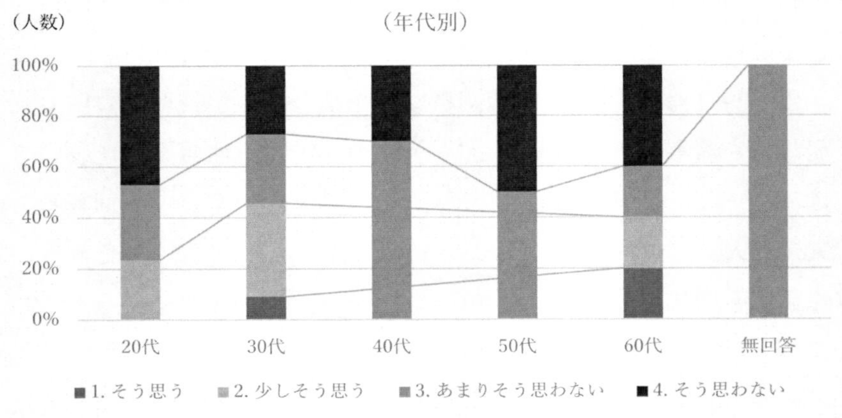

（図９）　質問39　クロス集計結果のグラフ

（表５）からわかるように、「そう思う」「少しそう思う」と回答した11人（全体の20％）のうち、９人（全体の16.4％）が20代・30代の若い世代であった。スマホ世代でもある若い年代にとって、便利な機器さえあれば学校教育で外国語を教える必要はないと思う教員が存在することはあり得ないことではない。しかし、外国語教育の本質がコミュニケーション、つまり心の通じ合いであることを考えると、機器のみに頼れば良いという考え方は教員としてはいささか短絡的ではないか。また、本研究のAIと教員との共存の考え方とも対局である。今後AIを現場に導入するにあたっては、「なぜAIを使うのか」という理念もともに、指導者である教員に丁寧に伝えて行く必要もあるように思われる。

質問40（いくらAIが進化しても、所詮は機械であり、人間と対等にはなり得ない。）について、「そう思う」と回答した人が20人、「少しそう思う」と回答した人が20人、「あまりそう思わない」と回答した人が13人、「そう思わない」と回答した人が2人であることが分かる。このことから、「そう思う」「少しそう思う」と回答した人は40名（72.7％）の人がAIは人間とは対等になり得ないと考えていることがわかる。

以上のように、小学校教員にはAIの利用に関して懐疑的な考え方の人が少なからずいることがわかった。AIが教員の頼りになるパートナーとなり、AIと教員の共存を目指すのであれば、このような意識があることも念頭に導入を進めていく必要があることが分かる。

3　児童が実際に使ってみたAI[10]

3.1　2021年度の試行授業

製作したAIを実際に授業に導入してもらい、その後児童にアンケートを実施してその評価を行った。対象は長崎県内A小学校27人、B小学校76人、C小学校15人の計118人の5、6年生である。

本研究で実施してもらう授業では、AIを搭載した英会話用のアプリが入った端末をグループ（2～5人）につき1台配布し、『NEW HORIZON Elementary 6』（東京書籍）のユニットに沿った内容の

10　本節での議論の多くは野寄（2022）からの引用を含んでいる。

(表6)　アンケート対象の内訳

	5年生	6年生	計
A 小学校	0	27	27
B 小学校	40	36	76
C 小学校	0	15	15
計	40	78	118

英会話を行うというものである。まず、配布された端末のログイン画面にローマ字で名前[11]を入力する。ログイン画面は次の（図11）ようになる。

(図11)　アプリのログイン画面

11　ここで入力した名前はAIの会話相手の名前として組み込まれ、その名前でAIが呼びかけてくれる。

ログインすると次の（図12）のようなユニット[12]選択画面に進む。そこでユニットを選択し、会話を行う。

（図12）　ユニット選択画面

授業に使用するAI中の教材として『NEW HORIZON Elementary 6』（東京書籍）を使用する。6つある小学校外国語の教科書の中からこの教科書を選んだ理由は、本研究でAIを用いた授業を行った、長崎県内A小学校、B小学校、C小学校のいずれでも採用されている教科書であったこと、及び本教科書が全国約6割の学校で採用されている、最も汎用性の高い教科書であったからである。

12　『NEW HORIZON Elementary 6』のユニットのこと。ユニット1を選択すれば、『NEW HORIZON Elementary 6』のユニット1の内容にそった質問をAIが投げかけて会話が始まる。（図12）においては、学校で既に学習しているユニットのみ選択可としていたため、ユニット5以降は選択不可となっている。

授業後に実施したアンケートは次のとおりである。なお、アンケート項目内のアプリという記述は、AIを搭載した英会話を行うアプリのことを指す。

次の質問について答えて下さい。答えは自分の気持ちと一番合う数字に○をつけて下さい。

1．そう思う　　2．少しそう思う
3．あまりそう思わない　　4．そう思わない

1. 英語が好きだ　【 1 2 3 4 】
2. 英語が得意だ　【 1 2 3 4 】
3. 町で外国人に英語で話しかけられたとしてもドキドキしない　【 1 2 3 4 】
4. 今日の授業は楽しかった　【 1 2 3 4 】
5. 今日の授業は難しかった　【 1 2 3 4 】
6. 実際に外国人と英語で話すよりアプリで話した方がドキドキしなかった　【 1 2 3 4 】
7. 今日の授業で英語を聞く力が身についた　【 1 2 3 4 】
8. 今日の授業で英語を話す力が身についた　【 1 2 3 4 】
9. 今日の授業で英語が好きになった　【 1 2 3 4 】
10. 今日の授業で英語が得意になった　【 1 2 3 4 】

11. 今日のアプリを使うと英語を聞く力が身につきそう

【 1　2　3　4 】

12. 今日のアプリを使うと英語を話す力が身につきそう

【 1　2　3　4 】

13. 今日のアプリを使うと英語が好きになりそう

【 1　2　3　4 】

14. 今日のアプリを使うと英語が得意になりそう

【 1　2　3　4 】

15. 今日のアプリを使ってまた授業をやってみたい

【 1　2　3　4 】

16. 今日のアプリは使いやすかった　【 1　2　3　4 】

17. 今日のアプリを家に持って帰ってやりたい

【 1　2　3　4 】

今日のアプリを使ってできるようになったこと、楽しかったこと、困ったことなどを自由に書いて下さい

ありがとうございました。

アンケートの結果は以下の通りである[13]。

(表7) 授業後のアンケート結果 (児童)

		1そう思う	2少しそう思う	3あまりそう思わない	4そう思わない
Q1	英語が好きだ	48	40	18	11
Q2	英語が得意だ	13	44	39	21
Q3	町で外国人に英語で話しかけられたとしてもドキドキしない	22	39	26	25
Q4	今日の授業は楽しかった	99	12	4	2
Q5	今日の授業は難しかった	60	39	12	7
Q6	実際に外国人と英語で話すよりアプリで話した方がドキドキしなかった	75	20	3	11
Q7	今日の授業で英語を聞く力が身についた	51	47	13	6
Q8	今日の授業で英語を話す力が身についた	52	39	19	8
Q9	今日の授業で英語が好きになった	60	31	18	8
Q10	今日の授業で英語が得意になった	31	45	26	15
Q11	今日のアプリを使うと英語を聞く力が身につきそう	84	23	8	3
Q12	今日のアプリを使うと英語を話す力が身につきそう	88	22	4	3
Q13	今日のアプリを使うと英語が好きになりそう	78	26	9	4
Q14	今日のアプリを使うと英語が得意になりそう	78	25	9	5
Q15	今日のアプリを使ってまた授業をやってみたい	95	16	3	2
Q16	今日のアプリは使いやすかった	55	39	13	8
Q17	今日のアプリを家に持って帰ってやりたい	66	36	8	7

13 無回答や不適切回答を除いているため、項目ごとに全体数nは異なっている。

以下にアンケート項目ごとに基本統計量を学校ごとの比較と全体の傾向を分析する。なお、以下回答1は「そう思う」、2は「少しそう思う」、3は「あまりそう思わない」、4は「そう思わない」を示していることを再掲しておく。

まず、項目1（Q1と記載）「英語が好きだ」について、以下に基本統計量を示す。

（表8） 項目1 英語が好きだ

Q1（A小学校）
基本統計量

n	中央値	25パーセンタイル	75パーセンタイル	四分位偏差	最大値	最小値
27	3	1.5	3	0.75	4	1

Q1（B小学校）
基本統計量

n	中央値	25パーセンタイル	75パーセンタイル	四分位偏差	最大値	最小値
75	2	1	2	0.5	4	1

Q1（C小学校）
基本統計量

n	中央値	25パーセンタイル	75パーセンタイル	四分位偏差	最大値	最小値
15	1	1	2	0.5	2	1

Q1（全体）
基本統計量

n	中央値	25パーセンタイル	75パーセンタイル	四分位偏差	最大値	最小値
117	2	1	2	0.5	4	1

項目1について、A小学校では25パーセンタイル[14]が1.5であるが、中央値[15]が3となり、B小学校では25パーセンタイルが1、中央値

14 第1四分位数のこと。一番小さな値から25%の値を表す。
15 データの個数を最大値から数えてちょうど半分の値で、データが偶数個なら

と75パーセンタイル[16]が２、C小学校では、25パーセンタイルと中央値が１、75パーセンタイルが２となった。このことから、A小学校の児童は英語が好きとは言えない傾向、B小学校とC小学校の児童は英語が好きと言える傾向にあることがわかる。また、全体に均せば英語が好きであると言える傾向にあることがわかる。

項目２（Q２）「英語が得意だ」について、以下に基本統計量を示す。

(表９) 項目２ 英語が得意だ

Q2（A小学校）
基本統計量

n	中央値	25パーセンタイル	75パーセンタイル	四分位偏差	最大値	最小値
27	3	2	4	1	4	1

Q2（B小学校）
基本統計量

n	中央値	25パーセンタイル	75パーセンタイル	四分位偏差	最大値	最小値
75	3	2	3	0.5	4	1

Q2（C小学校）
基本統計量

n	中央値	25パーセンタイル	75パーセンタイル	四分位偏差	最大値	最小値
15	2	2	2	0	4	1

Q2（全体）
基本統計量

n	中央値	25パーセンタイル	75パーセンタイル	四分位偏差	最大値	最小値
117	3	2	3	0.5	4	1

項目２について、A小学校B小学校ともに25パーセンタイルが

前後の数を足して２で割った値となる。
16　第３四分位数のこと。一番小さな値から75％の値を表す。

２で中央値が３となっており、75パーセンタイルについてはＡ小学校が４、Ｂ小学校が３という結果となった。これより、Ａ・Ｂ小学校の児童は英語が得意ではないと感じている傾向にあることがわかる。また、Ｃ小学校は上記の全てが２となっており、他の２校に比べて英語が得意であると感じている傾向にあることがわかる。全体として見れば、英語が得意とは言えない傾向にあることがわかる。さらに四分位偏差から、Ｃ小学校、Ｂ小学校、Ａ小学校の順で英語の得意さに関するばらつきが小さいことがわかる。特にＣ小学校は四分位偏差が０となっており、英語の得意さに関してばらつきがないと考えられる。

項目１・２から学校間には英語に対する気持ちに差があることがわかる。特にＡ小学校で英語好きが少ない傾向は、以降の結果に少なからず影響を及ぼしていると考えられる。以下いくつかの項目を抜粋して議論する。

項目４（Ｑ４）「今日の授業は楽しかった」について、以下に基本統計量を示す。

(表10)　項目4 今日の授業は楽しかった

Q4（A 小学校）
基本統計量

n	中央値	25パーセンタイル	75パーセンタイル	四分位偏差	最大値	最小値
27	1	1	1.5	0.25	4	1

Q4（B 小学校）
基本統計量

n	中央値	25パーセンタイル	75パーセンタイル	四分位偏差	最大値	最小値
74	1	1	1	0	4	1

Q4（C 小学校）
基本統計量

n	中央値	25パーセンタイル	75パーセンタイル	四分位偏差	最大値	最小値
15	1	1	1	0	1	1

Q4（全体）
基本統計量

n	中央値	25パーセンタイル	75パーセンタイル	四分位偏差	最大値	最小値
116	1	1	1	0	4	1

項目４について、いずれの小学校においても25パーセンタイルと中央値が１、75パーセンタイルはＡ小学校では1.5、Ｂ・Ｃ小学校では１という結果となっている。また、全体としても、上記の全てが１となっている。このことから、いずれの小学校の児童も今回の授業が楽しかったと感じていることがわかる。また（表８-10）より、項目１と項目２に比べて項目４は質問に対して「そう思う」傾向が強いことがわかる。これより、英語が好きでなかったり得意でなかったりする児童の中にも、今回のAIを使用した授業については楽しさを感じた児童がいることがわかる。

項目５（Ｑ５）「今日の授業は難しかった」について、以下に基本統計量を示す。

（表11）　項目５ 今日の授業は難しかった

Q5（A 小学校）
基本統計量

n	中央値	25パーセンタイル	75パーセンタイル	四分位偏差	最大値	最小値
27	2	1	2	0.5	4	1

Q5（B 小学校）
基本統計量

n	中央値	25パーセンタイル	75パーセンタイル	四分位偏差	最大値	最小値
76	1	1	2	0.5	4	1

Q5（C 小学校）
基本統計量

n	中央値	25パーセンタイル	75パーセンタイル	四分位偏差	最大値	最小値
15	2	2	2.5	0.25	4	1

Q5（全体）
基本統計量

n	中央値	25パーセンタイル	75パーセンタイル	四分位偏差	最大値	最小値
118	1	1	2	0.5	4	1

項目５について、A 小学校では25パーセンタイルが１、中央値と75パーセンタイルが２となり、B 小学校では25パーセンタイルと中央値が１、75パーセンタイルが２という結果となった。C 小学校では、中央値が２となっており（表13）より１または２と回答した児童が15人中11人となった。全体としては、25パーセンタイルと中央値が１、75パーセンタイルが２となった。このことから、いずれの小学校の児童も今回の授業が難しかったと感じる傾向にあったことがわかる。一方で、項目４で述べたように、難しくとも楽しかったと感じられたことも、今回の AI 活用した授業の特徴であると考えられる。

項目６（Q６）「実際に外国人と英語で話すよりアプリで話した方がドキドキしなかった」について、以下に基本統計量を示す。

(表12) 項目6 実際に外国人と英語で話すよりアプリで話した方がドキドキしなかった

Q6（A小学校）

基本統計量

n	中央値	25パーセンタイル	75パーセンタイル	四分位偏差	最大値	最小値
27	1	1	2	0.5	4	1

Q6（B小学校）

基本統計量

n	中央値	25パーセンタイル	75パーセンタイル	四分位偏差	最大値	最小値
67	1	1	2	0.5	4	1

Q6（C小学校）

基本統計量

n	中央値	25パーセンタイル	75パーセンタイル	四分位偏差	最大値	最小値
15	1	1	1	0	2	1

Q6（全体）

基本統計量

n	中央値	25パーセンタイル	75パーセンタイル	四分位偏差	最大値	最小値
109	1	1	2	0.5	4	1

項目6について、A・B小学校においては中央値、25パーセンタイルが1、75パーセンタイルが2、C小学校は上記の全てが1という結果になった。全体としても中央値、25パーセンタイルが1、75パーセンタイルが2であり、1と2の回答が多かったことがわかる。このことから、実際に外国人と話すよりもアプリと話した方がドキドキしなかった傾向であったことがわかる。また（表7）より、項目3に比べて項目6は質問に対して「そう思う」と回答した傾向が強いことがわかる。これより、実際に外国人に英語で話しかけられるとドキドキしてしまう児童も含めて外国人よりアプリの方がドキドキしない傾向があることがわかる。このドキドキ感は情意フィルター（Affective Filter）とも呼ばれる。情意フィルター

が低いことは、闊達なコミュニケーションにとって重要な要素であると考えられており、これもAIを活用する際の利点として考えられる。

項目７（Q７）「今日の授業で英語を聞く力が身についた」について、以下に基本統計量を示す。

（表13）　項目７ 今日の授業で英語を聞く力が身についた

Q7（A小学校）
基本統計量

n	中央値	25パーセンタイル	75パーセンタイル	四分位偏差	最大値	最小値
27	2	1.5	3	0.75	4	1

Q7（B小学校）
基本統計量

n	中央値	25パーセンタイル	75パーセンタイル	四分位偏差	最大値	最小値
75	2	1	2	0.5	4	1

Q7（C小学校）
基本統計量

n	中央値	25パーセンタイル	75パーセンタイル	四分位偏差	最大値	最小値
15	1	1	1.5	0.25	3	1

Q7（全体）
基本統計量

n	中央値	25パーセンタイル	75パーセンタイル	四分位偏差	最大値	最小値
117	2	1	2	0.5	4	1

項目７について、A小学校においては目立った特徴は見られないが、B小学校では、25パーセンタイルが１、中央値と75パーセンタイルが２、C小学校では25パーセンタイルと中央値が１、75パーセンタイルが２という結果となっている。つまり、B・C小学校の児童は、AIを用いた授業により、英語を聞く力が身についたと感じ

ている傾向にあることがわかる。３校全体でも、25パーセンタイルが１、中央値と75パーセンタイルが２となっており、全体的に見ても聞く力が身についたと感じた傾向があることがわかる。

項目８（Q８）「今日の授業で英語を話す力が身についた」について、以下に基本統計量を示す。

（表14）　項目8 今日の授業で英語を話す力が身についた

Q8（A 小学校）
基本統計量

n	中央値	25パーセンタイル	75パーセンタイル	四分位偏差	最大値	最小値
27	2	2	3	0.5	4	1

Q8（B 小学校）
基本統計量

n	中央値	25パーセンタイル	75パーセンタイル	四分位偏差	最大値	最小値
76	2	1	2	0.5	4	1

Q8（C 小学校）
基本統計量

n	中央値	25パーセンタイル	75パーセンタイル	四分位偏差	最大値	最小値
15	1	1	1	0	3	1

Q8（全体）
基本統計量

n	中央値	25パーセンタイル	75パーセンタイル	四分位偏差	最大値	最小値
118	2	1	2	0.5	4	1

項目８について、A 小学校では目立った特徴がみられない一方で、B 小学校においては、25パーセンタイルが１、中央値と75パーセンタイルが２という結果となっている。また、C 小学校では上記の全てが１となっており、全体では、25パーセンタイルが１、中央値と75パーセンタイルが２となった。つまり、B・C 小学校の児童

は、AIを用いた授業により、英語を話す力が身についたと感じている傾向にあることがわかり、全体としても話す力が身についたと感じたと考えられる。

（表14）より、A小学校に比べB・C小学校は、今回の授業で英語コミュニケーションに関する技能の成長を感じている傾向にあること、全体としても同様の傾向にあることがわかる。このことから、AIを用いた授業は児童の音声技能である「聞く力・話す力」の向上につながると意識できる可能性があることがわかる。

更に、項目11（Q11）「今日の授業で英語を聞く力が身につきそう」について、以下に基本統計量を示す。

（表15）　項目11 今日のアプリを使うと英語を聞く力が身につきそう

Q11（A小学校）
基本統計量

n	中央値	25パーセンタイル	75パーセンタイル	四分位偏差	最大値	最小値
26	2	1	2	0.5	4	1

Q11（B小学校）
基本統計量

n	中央値	25パーセンタイル	75パーセンタイル	四分位偏差	最大値	最小値
75	1	1	1.5	0.25	4	1

Q11（C小学校）
基本統計量

n	中央値	25パーセンタイル	75パーセンタイル	四分位偏差	最大値	最小値
15	1	1	1	0	2	1

Q11（全体）
基本統計量

n	中央値	25パーセンタイル	75パーセンタイル	四分位偏差	最大値	最小値
117	1	1	2	0.5	4	1

項目11について、A小学校では25パーセンタイルが1、中央値と75パーセンタイルが2となり、B小学校では25パーセンタイルと中央値が1、75パーセンタイルが1.5、C小学校では、上記の全てが1という結果となった。また全体としても、25パーセンタイルと中央値が1、75パーセンタイルが2となっている。このことから、いずれの小学校の児童も、アプリを用いると聞く力が身につきそうだと感じる傾向にあることがわかる。

加えて、項目12（Q12）「今日の授業で英語を話す力が身につきそう」について、以下に基本統計量を見てみる。

（表16） 項目12 今日のアプリを使うと英語を話す力が身につきそう

Q12（A小学校）
基本統計量

n	中央値	25パーセンタイル	75パーセンタイル	四分位偏差	最大値	最小値
27	1	1	2	0.5	4	1

Q12（B小学校）
基本統計量

n	中央値	25パーセンタイル	75パーセンタイル	四分位偏差	最大値	最小値
75	1	1	1	0	4	1

Q12（C小学校）
基本統計量

n	中央値	25パーセンタイル	75パーセンタイル	四分位偏差	最大値	最小値
15	1	1	1	0	2	1

Q12（全体）
基本統計量

n	中央値	25パーセンタイル	75パーセンタイル	四分位偏差	最大値	最小値
117	1	1	1	0	4	1

項目12について、A小学校は25パーセンタイルと中央値が1、75パーセンタイルが2となり、B・C小学校、全体では上記の全てが1という結果となった。このことより、いずれの小学校の児童も、アプリを用いると英語を話す力が身につきそうだと感じる傾向が強いことがわかる。

また、A小学校においては（表13-16）より、今回の授業で聞く力や話す力が身についたとは感じてはいないものの、今後このアプリを使用することにより聞く力や話す力が身につきそうだという期待感は持てている傾向にあることがわかる。

項目13（Q13）「今日のアプリを使うと英語が好きになりそう」について、以下に基本統計量を示す。

（表17） 項目13 今日のアプリを使うと英語が好きになりそう

Q13（A小学校）
基本統計量

n	中央値	25パーセンタイル	75パーセンタイル	四分位偏差	最大値	最小値
26	2	1	2.75	0.875	4	1

Q13（B小学校）
基本統計量

n	中央値	25パーセンタイル	75パーセンタイル	四分位偏差	最大値	最小値
76	1	1	2	0.5	4	1

Q13（C小学校）
基本統計量

n	中央値	25パーセンタイル	75パーセンタイル	四分位偏差	最大値	最小値
15	1	1	1	0	2	1

Q13（全体）
基本統計量

n	中央値	25パーセンタイル	75パーセンタイル	四分位偏差	最大値	最小値
117	1	1	2	0.5	4	1

項目13について、A小学校では25パーセンタイルが1、中央値が2、75パーセンタイルが2.75となり、B小学校では25パーセンタイルと中央値が1、75パーセンタイルが2、C小学校では、上記の全てが1という結果となった。またC小学校については、最大値が2となっている。このことから、程度に差はあるが、いずれの小学校の児童もアプリを使用すると今後英語が好きになりそうだと感じている傾向にあることがわかる。

項目14（Q14）「今日のアプリを使うと英語が得意になりそう」について、以下に基本統計量を示す。

（表18） 項目14 今日のアプリを使うと英語が得意になりそう

Q14（A小学校）
基本統計量

n	中央値	25パーセンタイル	75パーセンタイル	四分位偏差	最大値	最小値
26	2	1	2.75	0.875	4	1

Q14（B小学校）
基本統計量

n	中央値	25パーセンタイル	75パーセンタイル	四分位偏差	最大値	最小値
76	1	1	2	0.5	4	1

Q14（C小学校）
基本統計量

n	中央値	25パーセンタイル	75パーセンタイル	四分位偏差	最大値	最小値
15	1	1	1	0	2	1

Q14（全体）
基本統計量

n	中央値	25パーセンタイル	75パーセンタイル	四分位偏差	最大値	最小値
117	1	1	2	0.5	4	1

項目14について、A 小学校では25パーセンタイルが 1 、中央値が 2 、75パーセンタイルが2.75となり、B 小学校では25パーセンタイルと中央値が 1 、75パーセンタイルが 2 、C 小学校では、上記の全てが 1 であり、最大値が 2 という結果となった。また全体では、25パーセンタイルと中央値が 1 、75パーセンタイルが 2 となっている。このことから、学校間で程度に差はあるものの、いずれの小学校の児童もアプリを使用すると今後英語が得意になりそうだと感じている傾向があることがわかる。

項目15（Q15）「今日のアプリを使ってまた授業をやってみたい」について、以下に基本統計量を示す。

(表19)　項目15 今日のアプリを使ってまた授業をやってみたい

Q15（A 小学校）
基本統計量

n	中央値	25パーセンタイル	75パーセンタイル	四分位偏差	最大値	最小値
27	1	1	2	0.5	4	1

Q15（B 小学校）
基本統計量

n	中央値	25パーセンタイル	75パーセンタイル	四分位偏差	最大値	最小値
74	1	1	1	0	4	1

Q15（C 小学校）
基本統計量

n	中央値	25パーセンタイル	75パーセンタイル	四分位偏差	最大値	最小値
15	1	1	1	0	1	1

Q15（全体）
基本統計量

n	中央値	25パーセンタイル	75パーセンタイル	四分位偏差	最大値	最小値
116	1	1	1	0	4	1

項目15について、A小学校では中央値と25パーセンタイルが1、75パーセンタイルが2であり、B・C小学校と全体では、上記の全てが1という結果になった。このことから、いずれの小学校の児童も今回のアプリを使う授業をやってみたいと感じる傾向が強いことがわかる。今回一度使っただけではあるが、このもう一度やってみたいと感じられる点は、本アプリが反復利用に耐えうる形になっており、児童に繰り返しの使用を促すことができる要素を備えていると考えられる。

項目16（Q16）「今日のアプリは使いやすかった」について、以下に基本統計量を示す。

（表20）　項目16 今日のアプリは使いやすかった

Q16（A小学校）

基本統計量

n	中央値	25パーセンタイル	75パーセンタイル	四分位偏差	最大値	最小値
27	2	1	3	1	4	1

Q16（B小学校）

基本統計量

n	中央値	25パーセンタイル	75パーセンタイル	四分位偏差	最大値	最小値
73	2	1	2	0.5	4	1

Q16（C小学校）

基本統計量

n	中央値	25パーセンタイル	75パーセンタイル	四分位偏差	最大値	最小値
15	1	1	1	0	2	1

Q16（全体）

基本統計量

n	中央値	25パーセンタイル	75パーセンタイル	四分位偏差	最大値	最小値
115	2	1	2	0.5	4	1

項目16はアプリのユーザビリティに関する問題である。A小学校では25パーセンタイルが1、中央値が2、75パーセンタイルが3となり、B小学校では25パーセンタイルが1、中央値と75パーセンタイルが2、C小学校では、上記の全てが1という結果となった。このことから、B・C小学校の児童はアプリが使いやすいと感じる傾向にあることがわかる。一方で、A小学校の児童は使いやすいと感じている傾向にはない。これはAIを使った授業においてA小学校のみがヘッドフォンを使用していないことが関係している可能性がある。AIを現場に導入していくためには、このユーザビリティの問題は解決すべき問題である。うまく操作ができないと、学ぶ気持ち自体が削がれてしまう可能性があるからである。児童の発した英語音声の認識率向上の問題も含め、今後更にAIの改善を進める必要がある。

最後に項目17(Q17)「今日のアプリを家に持って帰ってやりたい」について、以下に基本統計量を示す。

(表21)　項目17 今日のアプリを家に持って帰ってやりたい

Q17（A小学校）

基本統計量

n	中央値	25パーセンタイル	75パーセンタイル	四分位偏差	最大値	最小値
27	2	1	2	0.5	4	1

Q17（B小学校）

基本統計量

n	中央値	25パーセンタイル	75パーセンタイル	四分位偏差	最大値	最小値
75	1	1	2	0.5	4	1

Q17（C 小学校）
基本統計量

n	中央値	25パーセンタイル	75パーセンタイル	四分位偏差	最大値	最小値
15	1	1	1	0	2	1

Q17（全体）
基本統計量

n	中央値	25パーセンタイル	75パーセンタイル	四分位偏差	最大値	最小値
117	1	1	2	0.5	4	1

項目17について、A 小学校では25パーセンタイルが１、中央値と75パーセンタイルが２となり、B 小学校では25パーセンタイルと中央値が１、75パーセンタイルが２、C 小学校では、上記の全てが１という結果となった。全体としても、25パーセンタイルと中央値が１、75パーセンタイルが２となっている。このことから、いずれの小学校においてもアプリを自宅に持ち帰って英会話を行いたいと思う傾向にあることがわかる。家で自分でやってみたいと思う傾向は、本アプリが児童に好意的に受け入れられていること、及び集団での利用だけではなく、個別化された利用にも適性があることを物語っている。

以上のように、アンケートの結果から、本アプリは全般的に児童に好意的に受け入れられたことがわかる。しかし真新しさも使い続ければ薄れ、飽きが生じることも考えられる。更に AI と児童とのコミュニケーションが効果的となるよう、改良を加えながら AI 開発を続けていく必要があるように思われる。

4 児童はAIとの会話で英語運用力を高めているのか[17]

AIは、音声認識の精度向上のために、英語での認識（recognized text（English））、日本語での認識（recognized text（Japanese））、そして最後に日本語で認識したもの英語に訳す（translate（English））という作業を順次行っている。その例が以下の図である。.wavは、音声ファイルがあるということを示しており、(図13) のようにファイルに音声ログとして残るようになっている。会話ログの.wavのファイル名と音声ログのファイル名は対応するようになっている。

```
2022/9/13 10:09   -----------Start process!------------
2022/9/13 10:09   Got audio file
2022/9/13 10:09   recognized text(English) : A timer.
2022/9/13 10:09   recognized text(Japanese): トーマス
2022/9/13 10:09   translate(English)       : thomas
2022/9/13 10:09   replace word check       : A timer.
2022/9/13 10:09   useid random             : kaede, r1050446
2022/9/13 10:09   Watson -> Neo4j check
2022/9/13 10:09   Response to seasons      :
2022/9/13 10:09   Response noun part       :
2022/9/13 10:09   Final response           : I like spring. Do you like spring?
2022/9/13 10:09   Final Data          : kaede A timer. I like spring.
Do you like spring? 2022-09-13/100924084.wav
2022/9/13 10:09   Final Session Log    : kaede 652b8042-b24f-4fe0-9b86-c8c298
1acfb4 r1050446  0
2022/9/13 10:09   node not updated:
2022/9/13 10:09   saved a log
```

(図13) 対話ログの例

17 本節での議論の多くは平瀬（2023）からの引用を含んでいる。

100912190.wav
100924084.wav
100931876.wav
100938551.wav
100945765.wav
100959080.wav
101001926.wav
101018848.wav
101024706.wav
101045789.wav
102020668.wav

（図14） 音声ログの例

これらのログをログイン時に入力された児童ごとに集め、児童のAIとの会話での変化を分析することで、児童の発話の変化を追うことが可能である。

先に示したログは会話の変化を追う目的では非常に分かりづらいため、平瀬（2023）によるやり取り部分の抜粋表を分析の対象とすることとする。なお、○ターン目、という記述が出てくるが、これは児童がAIとの会話を試みた○回目という意味である。

（表 22）　児童 A　2ターン目

時間	AI	児童
2022/9/13 10:20		6年生 Unit1を選択
2022/9/13 10:20	**Hello, my name is Emma. Nice to meet you, A.So, how is the weather today?**	
2022/9/13 10:20		**It's sunny.**
2022/9/13 10:20	Eat sunny.	(英語での認識)
2022/9/13 10:20	行ったり。	(日本語での認識)
2022/9/13 10:20	go and go	(英語訳)
2022/9/13 10:20	Eat sunny.	(最終的な認識)
2022/9/13 10:20	**sunny! Thank you for teaching. It's fall now. I know you like 0. Then, Failed**	
2022/9/13 10:20	(AIの返答の意味がわからず、何も答えることができなかった。)	*ϕ*
2022/9/13 10:20	ログをセーブ	

最初の挑戦でAIの返答の意味が分からず、何も答えることができずに会話が終わってしまったので、(表22）より児童Aはもう一度6年生のUnit 1を選択していることが分かる。最初の会話と同じように、児童AはAIに今日の天気について尋ねられている。(How is the weather today?) 今回も児童AはIt's sunny. と答えているが、AIにはEat sunny. と正しく認識されなかった。しかし、音声ログを聞くと、最初よりも大きな声ではっきりと話していたことが分かった。また、この会話が行われているとき実際に児童Aの様子を隣で見ていたが、(表22）の2ターン目のときのほうが端末に近づき、AIが上手く認識できるように話している様子が見受けられた。

このことから、AIとの会話の中で児童Aは、相手に自分の言葉を正しく認識してもらうためにはどうすればよいのかを自分で考え、実際に行動に移したと考えられる。AIとの会話によって、相手に伝わるように話すための思考をするようになったと考えられる。

(表23) 児童A　4ターン目

時間	AI	児童
2022/9/13 10:23		6年生 Unit3を選択
2022/9/13 10:23	**Hello! How are you, A?**	
2022/9/13 10:23		**I'm happy.**
2022/9/13 10:23	I'm happy.	(英語での認識)
2022/9/13 10:23	アイムハッピー	(日本語での認識)
2022/9/13 10:23	I'm happy	(英語訳)
2022/9/13 10:23	I'm happy.	(最終的な認識)
2022/9/13 10:23	**Good.Now, let's talk about countries in the world.Where do you want to go?**	
2022/9/13 10:23		**Italy.**
2022/9/13 10:23	Eataly.	(英語での認識)
2022/9/13 10:23	イタリー	(日本語での認識)
2022/9/13 10:23	taly	(英語訳)
2022/9/13 10:23	Eataly.	(最終的な認識)
2022/9/13 10:23	**Wow. It's a nice country. Where is it?**	
2022/9/13 10:24		**It's Pizza.**
2022/9/13 10:24	It's Pizza.	(英語での認識)
2022/9/13 10:24	ピザ	(日本語での認識)
2022/9/13 10:24	pizza	(英語訳)
2022/9/13 10:24	It's Pizza.	(最終的な認識)
2022/9/13 10:24	**Pizza! I see. So, why do you want to go to the country?**	
2022/9/13 10:24		**Italy.**
2022/9/13 10:24	Italy.	(英語での認識)

2022/9/13 10:24	イタリー	(日本語での認識)
2022/9/13 10:24	italy	(英語訳)
2022/9/13 10:24	Italy.	(最終的な認識)
2022/9/13 10:24	**Ah-ha, sounds interesting. Have fun. Well, A. I want to go to Italy. Do you want to go to Italy?**	
2022/9/13 10:24		**Yes.**
2022/9/13 10:24	Yes.	(英語での認識)
2022/9/13 10:24	認識なし	(日本語での認識)
2022/9/13 10:24	認識なし	(英語訳)
2022/9/13 10:24	Yes.	(最終的な認識)
2022/9/13 10:24	**Oh, you too. Italy is a nice country too. Good job, A.This is the end of the talk. Do you want to talk more?**	
2022/9/13 10:25		**Yes.**
2022/9/13 10:25	Yes.	(英語での認識)
2022/9/13 10:25	yes !	(日本語での認識)
2022/9/13 10:25	yes!	(英語訳)
2022/9/13 10:25	Yes.	(最終的な認識)
2022/9/13 10:25	**Great! let's move on to the next topic. Now, let's talk about countries in the world.Where do you want to go?**	
2022/9/13 10:25		**I want to go to Italy.**
2022/9/13 10:25	Are you going to go to it?	(英語での認識)
2022/9/13 10:25	I want you go to	(日本語での認識)
2022/9/13 10:25	I want you go to	(英語訳)
2022/9/13 10:25	Are you going to go to it?	(最終的な認識)
2022/9/13 10:25	**Wow. It's a nice country. Where is it?**	
2022/9/13 10:26		**Pizza.**
2022/9/13 10:26	Pizza.	(英語での認識)
2022/9/13 10:26	ピザ	(日本語での認識)
2022/9/13 10:26	pizza	(英語訳)
2022/9/13 10:26	Pizza.	(最終的な認識)

2022/9/13 10:26	**Pizza! I see. So, why do you want to go to the country?**	
2022/9/13 10:26	（何も答えることができなかった。）	ϕ
2022/9/13 10:26	ログをセーブ	

（表23）より、児童Aはこれまでの会話よりも長く続けられていることが分かる。前節でも述べたように、どのように話せば自分の発話を正しく認識してもらえるか考えることができている結果だと考えられる。

（表23）の6番目の会話でAIが更に会話を続けたいかを尋ねている部分がある（This is the end of the talk. Do you want to talk more?）。これに対し、児童AはYes. と答えていることが分かる。音声ログをからは、明るい声でYes. と言っていたことが分かった。このことから、児童AはまだAIと会話をしたいという意欲が見えた。音声ログに残っている声色からもAIとの会話を楽しんでいるように見受けられたため、児童AにとってAIと会話をすることは楽しく、もっと会話を続けたいという魅力がこの英会話AIにはあるというように考えられる。

また、これまで児童Aはどこの国に行きたいかをAIに聞かれたときに、Italy. のように単語で答えていたが、（表23）の7番目の会話を見ると、I want to go to Italy. と正しい文で答えていることが分かる。AIにはAre you going to it? と誤って認識されているが、この会話以降児童AはI want to go to~. と話すようになった。このやり取りを実際に見ていたが、児童Aは、同じようにAIと会話をしている周りの児童の会話を参考にして、行きたい場所について話すときにはI want to go to～．を使うということを思い出しているようだった。このことから、周りに他の児童がいる環境では、周りの情報も加えながらAIとの会話を進めることができるようになると考えられる。

（表24） 児童A 10ターン目

時間	AI	児童
2022/9/13 10:53		6年生 Unit3を選択
2022/9/13 10:53	**Now, let's talk about countries in the world.Where do you want to go?**	
2022/9/13 10:54		**I want to go to America.**
2022/9/13 10:54	I want to go to America.	（英語での認識）
2022/9/13 10:54	I want to go to America.	（日本語での認識）
2022/9/13 10:54	I want to go to America.	（英語訳）
2022/9/13 10:54	I want to go to America.	（最終的な認識）
2022/9/13 10:54	**You want to go to America. So, what do you want to do in America?**	
2022/9/13 10:54		**You can eat hamburger.**
2022/9/13 10:54	You got it, Bella.	（英語での認識）
2022/9/13 10:54	you can eat ハンバーガー	（日本語での認識）
2022/9/13 10:54	you can eat hamburger	（英語訳）
2022/9/13 10:54	You got it, hamburger.	（最終的な認識）
2022/9/13 10:54	**Hamburgers! What is your favorite hamburger?**	
2022/9/13 10:54		**Yes.**
2022/9/13 10:54	Yes.	（英語での認識）
2022/9/13 10:54	認識なし	（日本語での認識）
2022/9/13 10:54	認識なし	（英語訳）
2022/9/13 10:54	Yes.	（最終的な認識）
2022/9/13 10:54	**I see. Sounds delicious. Well A, I like cheeseburgers. Do you like cheeseburgers?**	

2022/9/13 10:55		**Yes.**
2022/9/13 10:55	Yes.	（英語での認識）
2022/9/13 10:55	認識なし	（日本語での認識）
2022/9/13 10:55	認識なし	（英語訳）
2022/9/13 10:55	Yes.	（最終的な認識）
2022/9/13 10:55	**You like cheeseburgers too. Good. Good job, A.This is the end of the talk. Do you want to talk more?**	
2022/9/13 10:55	（何も答えることができなかった。）	**φ**
2022/9/13 10:55	ログをセーブ	

（表24）の最初の会話で、児童AはAIに再度行きたい国について尋ねられている（Where do you want to go?）。先に述べたように、（表23）の7番目の会話以降、単語レベルからI want to go to~. と文レベルで話すようになっており、10ターン目（表24）の最初の会話でもI want to go to America. と返答できていることが分かる。このときは、AIも児童Aの返答を正しく認識しており、児童Aに対する返答として、You want to go to America. というように文脈に沿って返答していることが分かる。このことから、AIとの会話の中で児童は正しい文を繰り返し話し、身につけることができると考えられる。

また、これまでの会話の中で児童AはAIにどこの国に行きたいか尋ねられた際、イタリアと答えていたが、（表24）ではアメリカと答えていることが分かる。このことから、違う国を答えるとAIからどんな返答が来るのかなというAIとの会話に対する興味や、違うことを試してみる姿勢が見られる。これは、実際に人とのコミュニケーションをとる際の、会話のバリエーションを増やすことに繋がると考えられる。AIも児童の興味に応えられるよう、多様な会話のバリエーションを備えていることが望ましい。

（表25） 児童B　1ターン目

時間	AIの発言 （児童の反応）	児童の発言 （AIの動作）
2022/9/13 10:23		6年生 Unit1を選択
2022/9/13 10:23	**Hello, my name is Emma. Nice to meet you,B.So, how is the weather today?**	
2022/9/13 10:23	（何も答えることができなかった。）	φ
2022/9/13 10:23	ログをセーブ	

（表26） 児童B　2ターン目

時間	AIの発言 （児童の反応）	児童の発言 （AIの動作）
2022/9/13 10:28		6年生 Unit1を選択
2022/9/13 10:28	**Hello, my name is Emma. Nice to meet you,B.So, how is the weather today?**	
2022/9/13 10:29		**It is sunny today.**
2022/9/13 10:29	It is sunny today.	（英語での認識）
2022/9/13 10:29	Sunny today ！	（日本語での認識）
2022/9/13 10:29	Sunny today!	（英語訳）
2022/9/13 10:29	It is sunny today.	（最終的な認識）
2022/9/13 10:29	**sunny! Thank you for teaching. It's fall now. I know you like summer. Then, do you go to the summer vacation?**	
2022/9/13 10:29		**I go to the river.**
2022/9/13 10:29	Chords to the river.	（英語での認識）
2022/9/13 10:29	I go to the river	（日本語での認識）
2022/9/13 10:29	I go to the river	（英語訳）
2022/9/13 10:29	Chords to the river.	（最終的な認識）

2022/9/13 10:29	**river! That's nice. Thank you for teaching. That's all for today. See you next time, B.**	
2022/9/13 10:29	ログをセーブ	

（表25）と（表26）で児童は6年生のUnit 1を選択している。最初の会話でAIから天気について尋ねられている（How is the weather today?)。（表25）で児童BはAIに尋ねられても答えることができていなかったことが分かる。音声ログも残っていなかった。しかし、（表26）では、It is sunny today. と答えることができており、その後の会話も繋がっている。この英会話AIは同じUnitを選択した場合、最初は同じ質問をしてくる仕組みになっているが、これによって1回目は分からずに答えられなかったが、その後分からなかったことについて次はこう話そうと決めてもう一度挑戦し、成功しているという様子がこの児童以外にも見受けられた。

（表27） 児童B　3ターン目一部抜粋

時間	AIの発言 （児童の反応）	児童の発言 （AIの動作）
2022/9/13 10:30		6年生 Unit7を選択
2022/9/13 10:30	**Hello! How are you, B?**	
2022/9/13 10:30		**I'm good.**
2022/9/13 10:30	I'm good.	（英語での認識）
2022/9/13 10:30	認識なし	（日本語での認識）
2022/9/13 10:30	認識なし	（英語訳）
2022/9/13 10:30	I'm good.	（最終的な認識）
2022/9/13 10:30	**Oh, I'm sorry. Are you OK?**	
2022/9/13 10:30		**Okay.**
2022/9/13 10:30	Okay.	（英語での認識）

2022/9/13 10:30	ok。	（日本語での認識）
2022/9/13 10:30	OK.	（英語訳）
2022/9/13 10:30	Okay.	（最終的な認識）

（表28） 児童**B** 9ターン目一部抜粋

時間	AIの発言 （児童の反応）	児童の発言 （AIの動作）
2022/9/13 10:56		6年生 Unit4を選択
2022/9/13 10:56	**Hello! How are you, B?**	
2022/9/13 10:56		**I'm good.**
2022/9/13 10:56	I'm good.	（英語での認識）
2022/9/13 10:56	認識なし	（日本語での認識）
2022/9/13 10:56	認識なし	（英語訳）
2022/9/13 10:56	I'm good.	（最終的な認識）
2022/9/13 10:56	**Oh, I'm sorry. Are you OK?**	
2022/9/13 10:57		**OK.**
2022/9/13 10:57	Okay.	（英語での認識）
2022/9/13 10:57	ok。	（日本語での認識）
2022/9/13 10:57	OK.	（英語訳）
2022/9/13 10:57	Okay.	（最終的な認識）

（表27）の最初の会話で児童BはAIに今日の調子について尋ねられている（How are you, B?）。これに対して児童Bは、調子はいいよと返答している（I'm good.）。しかし、児童のこの返答に対してAIは、Oh, I'm sorry. Are you OK? と答えていることが分かる。ログより、英語での認識も上手くいっているはずだが、調子は良いと答えている児童に対して、AIは心配をするような返答をしている。その後の児童Bの返答の音声ログを聞くと、疑問に思っているような声色だった。このようなことは、他のターンでも起こって

いる。（表27）の26分後である（表28）の最初の会話で、児童Bは AIに今日の調子について尋ねられている（How are you, B?）。これに対して児童Bは、調子はいいよと返答している（I'm good.）。しかし、（表27）と同じように児童のこの返答に対してAIは、Oh, I'm sorry. Are you OK? と答えていることが分かる。

これは明らかにAIの返答のプログラミングに不備がある部分であるように思われる。児童とAIが良好な信頼関係を築けるよう、極力このようなバグは早期に修正すべきである。

（表29） 児童B 6ターン目一部抜粋

時間	AIの発言 （児童の反応）	児童の発言 （AIの動作）
2022/9/13 10:39		6年生 Unit3を選択
2022/9/13 10:39	**Hello! How are you, B?**	
2022/9/13 10:40		**I'm hungry.**
2022/9/13 10:40	I'm hungry.	（英語での認識）
2022/9/13 10:40	アイムハングリー	（日本語での認識）
2022/9/13 10:40	i'm hungry	（英語訳）
2022/9/13 10:40	i'm hungry	（最終的な認識）
2022/9/13 10:40	**Good.Now, let's talk about countries in the world.Where do you want to go?**	
2022/9/13 10:40		**I want to go to China.**
2022/9/13 10:40	I want to go to China.	（英語での認識）
2022/9/13 10:40	I want to go to China.	（日本語での認識）
2022/9/13 10:40	I want to go to China.	（英語訳）
2022/9/13 10:40	I want to go to China.	（最終的な認識）
2022/9/13 10:40	**You want to go to China. So, what do you want to do in China?**	
2022/9/13 10:40		**I want to eat the Chinese food.**

2022/9/13 10:40	I want to eat the Chinese food.	（英語での認識）
2022/9/13 10:40	I want to eat Chinese food ！	（日本語での認識）
2022/9/13 10:40	I want to eat Chinese food ！	（英語訳）
2022/9/13 10:40	I want to eat the Chinese food.	（最終的な認識）
2022/9/13 10:40	**That's so nice. Chinese food is very famous.Good job, B.This is the end of the talk. Do you want to talk more?**	
2022/9/13 10:41		**Yes.**
2022/9/13 10:41	Yes.	（英語での認識）
2022/9/13 10:41	認識なし	（日本語での認識）
2022/9/13 10:41	認識なし	（英語訳）
2022/9/13 10:41	Yes.	（最終的な認識）
2022/9/13 10:41	**Great! let's move on to the next topic. Now, let's talk about countries in the world. Where do you want to go?**	
2022/9/13 10:41		**I want to go to Australia.**
2022/9/13 10:41	I want to go to Australia.	（英語での認識）
2022/9/13 10:41	I want to go to Australia.	（日本語での認識）
2022/9/13 10:41	I want to go to Australia.	（英語訳）
2022/9/13 10:41	I want to go to Australia.	（最終的な認識）
2022/9/13 10:41	**You want to go to Australia. So, what do you want to do in Australia?**	
2022/9/13 10:42		**I want ice cream in the sea.**
2022/9/13 10:42	I want ice cream in the sea. NFL playoffs.	（英語での認識）
2022/9/13 10:42	I want to be in the Sea	（日本語での認識）
2022/9/13 10:42	I want to be in the Sea	（英語訳）
2022/9/13 10:42	I want ice cream in the sea. NFL playoffs.	（最終的な認識）
2022/9/13 10:42	**Sounds nice! Have fun. Well, Haruna. I want to see koalas in Australia. Do you want to see koalas?**	

2022/9/13 10:42		**Yes.**
2022/9/13 10:42	Yes.	（英語での認識）
2022/9/13 10:42	認識なし	（日本語での認識）
2022/9/13 10:42	認識なし	（英語訳）
2022/9/13 10:42	Yes.	（最終的な認識）
2022/9/13 10:42	**Oh, you do. Koalas are very cute. Do you want to hug koalas?**	
2022/9/13 10:42		**Yes.**
2022/9/13 10:42	Yes.	（英語での認識）
2022/9/13 10:42	認識なし	（日本語での認識）
2022/9/13 10:42	認識なし	（英語訳）
2022/9/13 10:42	Yes.	（最終的な認識）
2022/9/13 10:42	**Great. Have a good time with koalas. Good job, Haruna.This is the end of the talk. Do you want to talk more?**	
2022/9/13 10:42		**Yes.**

（表29）の２つ目の会話で児童ＢはAIにどこの国に行きたいかを尋ねられている（Where do you want to go?）。これに対して児童Ｃは、中国に行きたいと話していることが分かる（I want to go to China.）。５つ目の会話でAIに再度行きたい国について尋ねられたとき、児童Ｂはオーストラリアに行きたいと、国を変えている（I want to go to Australia.）。このことから、同じ質問をされても先に示した児童Ａのように答えを変えてみて、会話を楽しんでいる様子が伺える。これに対するAIの返答も様々であるため、会話のバリエーションを学習することができていると考えられる。

また、（表29）の会話から、AIは児童の返答内容によって内容を変えていることが分かる。具体的には、（表29）の３つ目の会話で

AIは児童Bに中国で何をしたいか尋ねている（You want to go to China. So, what do you want to do in China?）。それに対し、児童Bは中華料理を食べたいと返答したことが分かる（I want to eat Chinese food.）。AIは更に、中華料理はとても人気ですねと答えていることから（That's so nice. Chinese food is very famous.）、AIは児童の返答に合わせた質問や返答をしていることが分かる。加えて、（表29）の6つ目の会話で児童がオーストラリアに行きたいと話したときには（I want to go to Australia.）、AIはオーストラリアに合わせてコアラの話題を出している（I want to see koalas in Australia. Do you want to see koalas?）。このことから、児童は会話の広げ方を学習していると考えられる。また、児童は同じ質問でも飽きずに会話を続けられている様子があり、これは児童の優れた特性であると考えられる。

（表30） 児童B 8ターン目一部抜粋

時間	AIの発言 （児童の反応）	児童の発言 （AIの動作）
2022/9/13 10:55		6年生 Unit2を選択
2022/9/13 10:55	**Well, C, I have a treasure. Do you have a treasure?**	
2022/9/13 10:55	（答えたが認識されていない）	**My treasure is my family.**
2022/9/13 10:55	ログをセーブ	

（表30）の会話では、児童CはAIに宝物があるか尋ねられている（Do you have a treasure?）。児童Cが考える宝物は家族であったため、My treasure is my family. と答えていることが分かる。し

かし、AIから認識されてもらえず、このターンの会話が終わってしまった。これについて、AIはDo you~? で尋ねたのに児童からの返答がYes/No でなかったため、認識することができなかったと考えられるが、家族が物だと判断できないため、AIが宝物だと認識することができなかったとも考えられる。授業後に、児童Cから授業で使用した英会話AIの改善点として、「宝物を聞かれた時に物ではなく、家族などでも認識してほしい。」という話をされた。このことから、現状ではYes/Noクエスチョンに対しては、Yes/No以外の返答が認識できない可能性が高いが、今後は様々な返答を考慮し、会話が続くようプログラムを改良する必要があることが分かる。

本研究で明らかになった英会話AIの効果としては、2点挙げられる。1点目は、英会話AIとの会話によって、相手に伝わるように話すための思考をするようになるということである。先にも述べたように、1回目の会話でAIに自分が話したことを認識されなかった児童が、2回目の会話ではAIに認識してもらえるように、大きな声ではっきりと話す様子が見受けられた。どのように話せば自分の発話を正しく認識してもらえるかを自分で考え行動できていることは、英会話AIとの会話によるとても良い効果だと考えられる。2点目は、AIとの会話で正しい表現を繰り返し聞いたり話したりする中で、会話技能が高まるということである。本研究で使用している英会話AIは、Unitごとに会話の内容が異なっているため、前の会話と同じUnitを選択すると、AIから同じ質問を受けることができるようになっている。そのため、1回目には分からなかったことでも、次にはこう話そうと決めて2回目に臨むことで、上手く答えられるようになり、児童は達成感を味わうことができると考えられる。また、同じUnitを3回、4回と繰り返し行うことで、伝わる表現を身につけることができると考えられる。このことから、英会話AIとの会話には、児童の資質・能力を高めるというメリットがあると考えられる。

ログの結果及び考察から、英会話AIを使うことの効果、及び今後の課題も明らかになった。改良を加えつつ英会話AIを活用することで、児童の「話すこと（やり取り）」の力は高まることが期待できそうである。

第 3 章

児童の連想語とワード・コネクション

第3章　児童の連想語とワード・コネクション

1　連想ワードの調査[18]

英会話AIを製作するにあたり、児童がどのような連想をするかを知ることは非常に重要である。大人の発想ではなく、児童目線で話題を提示することが、会話が弾む要因にもなるからである。そこで、児童がある語を聞いたとき、そこからどんな語を連想するか、ということを調査することとした。

調査は以下のような調査シートを用いて行う。

↓サンプルです↓

東京（とうきょう）	⇒	オリンピック	⇒	メダル
			⇒	記録（きろく）
	⇒	東京（とうきょう）ドーム	⇒	野球（やきゅう）
			⇒	ジャイアンツ
	⇒	スカイツリー	⇒	高（たか）い
			⇒	浅草（あさくさ）
	⇒	ディズニーランド	⇒	ミッキーマウス
			⇒	ディズニーシー
	⇒	人（ひと）が多（おお）い	⇒	電車（でんしゃ）
			⇒	狭（せま）い

18　本節での議論は、板井（2021）で示された内容を多く含んでいる。

	⇒		⇒	
			⇒	
	⇒		⇒	
			⇒	
じもと　まち 地元の町	⇒		⇒	
			⇒	
	⇒		⇒	
			⇒	
	⇒		⇒	
			⇒	

（図15）　連想ワードの回答シート

このように、ある一つの語から連想できる語等を５つ、そしてその５つから連想できる語等を２つずつ書いてもらう形式である。対象は今回のアンケートの趣旨に賛同して下さった、２つの小学校（壱岐市内Ａ小学校、長崎市内Ｂ小学校）の３年生から６年生である。壱岐市Ａ小学校は42名、長崎市Ｂ小学校は97名、合計で139名であった。調査時期は2020年10月から11月である。

調査項目は以下の通りである。これらはいずれも児童に身近な事柄であり、小学校英語教育でよく登場するトピックをもとにしている。

（表31）連想の元となる語

A小学校（42名）	B小学校（97名）
①長崎、②英語、③日曜日、④壱岐、⑤日本、⑥学校、⑦動物、⑧旅行、⑨夢、⑩食べ物、⑪夏休み、⑫外国、⑬宝物、⑭趣味、⑮ヒーロー	①地元の町、②長崎、③旅行、④日曜日、⑤夢、⑥日本、⑦ヒーロー、⑧英語、⑨動物、⑩スポーツ、⑪学校、⑫夏休み、⑬本、⑭外国、⑮宝物

なお、今回の分類・分析に関しては、これらの語から連想できる第一系列（5語ずつ）を対象としている。以下にその主な結果を示す。数字は回答数を表している。

（表32）連想ワード（児童）の回答結果（長崎）

	食べ物	場所	イベント	その他
	360	372	54	152
長崎	カステラ 122 ちゃんぽん 90 皿うどん 20 ふぐ 16	坂 42 ハウステンボス 36 島 28 平和公園 22 眼鏡橋 18 出島 18 バイオパーク 18	くんち 32 ランタンフェスティバル 10	原子爆弾 28 平和祈念像 14 漁業 8

(表33-1) 連想ワード (児童) の回答結果 (地元の町 (壱岐市内))

地元(壱岐市内)	場所	土地の特徴	食べ物	その他
	140	84	68	36
	猿岩 42 原の辻 24 神社 22 一支国博物館 12 イルカパーク 10	海 42 島 12 自然 6	壱岐牛 28 米 6 焼酎 4 いちご 4	花火 6

(表33-2) 連想ワード (児童) の回答結果 (地元の町 (長崎市内))

地元(長崎市内)	場所	土地の特徴	食べ物	その他
	284	100	34	82
	西町 34 白鳥町 20 学校 26 油木町 14 公園 12	田舎 18 山 16 道が狭い 8	ちゃんぽん 10 カステラ 8	平和 8

(表34) 連想ワード (児童) の回答結果 (日本)

日本	食べ物	場所	日本独自のもの	その他
	110	232	186	166
	和食 30 寿司 18 和菓子 8 米 8	東京 40 富士山 34 北海道 24 大阪 8 福岡 8	忍者 30 祭り 20 和 16 日の丸 14 アニメ 12	平和 18 小さい 16 総理大臣 14 コロナ 10 狭い 8

（表35）連想ワード（児童）の回答結果（旅行）

	場所	乗り物	その他
旅行	514	96	164
	東京 54 大阪 42 沖縄 36 福岡 32 海外 32 北海道 28	飛行機 42 船 16 空港 8 電車 8 車 8	楽しい 22 お土産 18 修学旅行 10

（表36）連想ワード（児童）の回答結果（外国）

	地名	その他
外国	520	188
	アメリカ 128 中国 56 韓国 50 ブラジル 34 インド 32	英語 22 怖い 8 広い 6 飛行機 6

（表37） 連想ワード（児童）の回答結果（英語）

	勉強	地名・人	その他
英語	454	180	34
	難しい 54 アルファベット 44 先生 40 ハロー 38 外国語 22	アメリカ 52 外国人 40 外国 34 ロシア 6	歌 6

（表38）連想ワード（児童）の回答結果（学校）

	場所	人	時間	その他
学校	192	198	332	170
	教室 32 学校名 22 他校名 20 運動場 18 体育館 16	先生 76 友達 70 生徒 20	勉強 60 給食 36 授業 34 昼休み 30 掃除 14	宿題 24 黒板 20 楽しい 18

（表39）連想ワード（児童）の回答結果（夏休み）

	食べ物	遊び	勉強・学校	その他
夏休み	132	338	170	186
	アイス 42 かき氷 32 スイカ 24	海 96 プール 82 花火 22 旅行 20 楽しい 18	宿題 124 ラジオ体操 10 自由研究 6	暑い 58 夏 14 長い 14 暇 10

（表40）連想ワード（児童）の回答結果（日曜日）

	テレビ	日曜日にすること	その他
日曜日	56	322	272
	サザエさん 14 ちびまる子ちゃん 12	遊び 44 お出かけ 34 寝る 32 買い物 32 ゲーム 32	休み 84 楽しい 24 暇 16

（表41）連想ワード（児童）の回答結果（宝物）

	人	形のあるもの	形のないもの	その他
宝物	196	308	54	68
	家族 102 友達 44	宝石 46 お金 42 ゲーム 28 金 26	命 36 大切 16 思い出 8	海賊 8

（表42） 連想ワード（児童）の回答結果（動物）

	ペット	家畜	動物園	野生	その他
動物	404	36	424	80	88
	ネコ 144 イヌ 136 ウサギ 60 ハムスター 26 ヘビ 8	ウシ 12 ヒツジ 8 ヤギ 6 ブタ 6 ニワトリ 6	ライオン 80 ゾウ 50 キリン 50 パンダ 32 チーター 26	サル 30 クマ 22 シカ 8	かわいい 22

（表43） 連想ワード（児童）の回答結果（夢）

	将来	睡眠	その他
夢	312	122	96
	将来 50 スポーツ選手 28 看護師 18 美容師 14 保育士 12	寝る 52 悪夢 10 怖い夢 8	楽しい 14 憧れ 10

(表44)　連想ワード（児童）の回答結果（ヒーロー）

	アニメ・マンガ	存在する人	能力や性質	その他
ヒーロー	368	86	136	14
	アンパンマン 112 仮面ライダー 36 スパイダーマン 28 アニメ 18 鬼滅の刃 16 アイアンマン 16	お母さん 8 お父さん 8 警察官 6 消防士 6	かっこいい 24 強い 22 飛ぶ 16 優しい 10 マント 10	映画 2 動物 2 スーツ 2

(表45)　連想ワード（児童）の回答結果（スポーツ）

	球技	球技以外	その他
スポーツ	426	108	28
	サッカー 118 バスケ 100 野球 60 バレー 48 テニス 38 卓球 22	陸上 32 水泳 30 バドミントン 30 ダンス 6 スケート 6	オリンピック 8

(表46)　連想ワード（児童）の回答結果（本）

	マンガ	小説	絵本	その他の本の種類	その他
本	114	74	44	36	160
	マンガ 74 鬼滅の刃 12 ワンピース 4 約束の ネバーランド 4	小説 40 ハリー ポッター 4	絵本 38 昔話 4	伝記 10 図鑑 8 教科書 6 辞典 4	図書室 16 図書館 12 物語 12 面白い 8 分厚い 8

（表47）　連想ワード（児童）の回答結果（食べ物）

	料理	素材	その他
食べ物	176	114	40
	カレー 16 オムライス 14 アイス 12 ハンバーグ 10 ラーメン 10	野菜 10 魚 10 ブドウ 8 肉 8 米 8	おいしい 8 嫌い 4 甘い物 4

（表48）連想ワード（児童）の回答結果（趣味）

	球技	球技以外	クリエイティブ	その他
趣味	42	36	54	130
	バレー 14 サッカー 14 野球 10	ランニング 12 空手 6 バドミントン 4	絵 18 ピアノ 8	読書 8 楽しい 8 勉強 6 食べる 6

以上のように、児童の生き生きとした連想が収集できた。特に、それぞれの回答をカテゴリー化できたことも重要であったと思われる。これらをもとに、更にAIと児童とのコミュニケーションが楽しく、効果的なものになるよう、改良を重ねるよう試みたい。

2　ワード・コネクション

語と語のつながりについては、前節で示した名詞と名詞のつながりばかりではない。

そこで、以下の項目について小学生が使いそうな語を選択し、データベースを作成することとした。

修1.動作
修2.状態・気持ち
修3.飲食物
修4.数
修5.学校生活
修6.町・施設・職業
修7.日常生活
修8.スポーツ
修9.色・形
修10.季節・月・曜日・時間
修11.国
修12.動植物
修13.自然・天気
修14.祝祭日・趣味・遊び
修15.人と身体
修16.その他（抽象語）

（図16）ワード・コネクションのカテゴリー

このデータベース作りを手がけてくれたのは、当時長崎大学教育学研究科の大学院生であり、小学校英語教育においても長崎市のEEI（Elementary English Instructor）の経験もある寺田よしみ氏である。寺田氏は英語も大変堪能であり、大変な作業に多くの時間をかけて携わっていただいた。ありがたい限りである。非常に多くの語が含まれるので、ここではそのすべてを記載することはできないが、以下のように4系列までのワード・コネクションを作ってもらっている（1．動作の例）。

(表49) ワード・コネクション データベースの例

		connection 1	connection 2	connection 3	connection 4
buy	1	shopping	holiday	free	play
		買い物	休日	自由な	遊ぶ
	2	money	bank	coin	circle
		金銭	銀行	コイン	円
	3	present	birthday	happy	smile
		プレゼント	誕生日	楽しい	微笑む
	4	convenience store	24 hours	rice ball	picnic
		コンビニ	24時間	おにぎり	ピクニック
	5	sell	commodity	store	shop manager
		売る	商品	店	店長

この膨大なデータベースは、AIの製作に関して大きな財産となっていることは間違いない。

第１～３章 参考文献

秋山巧磨（2022）．「デジタルツインによるパーソナルな小学校英会話システムの研究」長崎大学工学研究科修士論文．長崎大学大学院工学研究科小林透研究室．

有谷太秀（2022）．「小学校外国語教育における AI 活用の実践」『長崎大学教育学部中村典生ゼミナール2021年度卒業論文集』pp. 60-108，長崎大学教育学部中村典生研究室．

江間有沙（2021）．『絵と図で分かる AI と社会―未来をひらく技術とのかかわり方』．株式会社技術評論社．

平瀬なつみ（2023）．「小学校英語教育「話すこと（やり取り）」における英会話 AI 活用による効果」『長崎大学教育学部中村典生ゼミナール2021年度卒業論文集』pp. 304-369，長崎大学教育学部中村典生研究室．

板井李香（2021）．「小学校外国語教育に応用できる児童の発想に寄り添った AI データの収集と分析」『長崎大学教育学部中村典生ゼミナール2020年度卒業論文集』pp. 4-53，長崎大学教育学部中村典生研究室．

川添愛（2020）．『ヒトの言葉 機械の言葉』．角川新書．

文部科学省（2017）．『小学校学習指導要領（平成29年告示）解説外国語活動・外国語編』．開隆堂．

文部科学省（2017）．『小学校学習指導要領（平成29年告示）解説総則編』．東洋館出版社．

中村好則・佐藤寿仁・稲垣道子・工藤真以・浅倉祥（2022）．「数学指導における ICT を活用した「個別最適化された学び」の効果：AI ドリルの活用を通して」『教育実践研究論文集』第９巻，pp. 7-12，岩手大学教育学部．

中村典生（監修）・鈴木渉・巽徹・林裕子・矢野淳（2022）．『コア・カリキュラム対応 小・中学校で英語を教えるための必携テキスト（改訂版）』．東京書籍．

二田ちなみ（2022）．「児童が外国語を学ぶ意欲的な動機づけ」『長崎大学教育学部中村典生ゼミナール2021年度卒業論文集』pp. 523-595，長崎大学教育学部中村典生研究室．

野寄寛太（2022）．「児童の視点から見る小学校外国語教育における AI 活用の利点と課題の分析」『長崎大学教育学部中村典生ゼミナール2021年度卒業論文集』pp. 596-671，長崎大学教育学部中村典生研究室．

大山春菜子（2023）．「小学校外国語教育におけるデジタル教科書と紙の教科書使用による「学び」の比較」『長崎大学教育学部中村典生ゼミナール2022年度卒業論文集』pp. 4-51，長崎大学教育学部中村典生研究室．

参考資料

株式会社野村総合研究所（2014）「日本の労働人口の49%が人工知能やロボット等で代替可能に～601種の職業ごとに、コンピューター技術による代替確率を試算～」https://www.nri.com/~/media/pdf/jp/news/2014/141202_1.pdfPDF（参照2022-12-14）

文部科学省（2022）「個別最適な学びと協働的な学びの一体的な充実に向けた教科書・教材・ソフトウェアの在り方について（案）～中間報告（論点整理案）～」https://www.mext.go.jp/content/20220824-mxt_kyokasyo02-000024664_3.pdf（ 参照 2022-12-13）

文部科学省（2017）「小学校外国語活動・外国語　研修ガイドブック」
https://www.mext.go.jp/a_menu/kokusai/gaikokugo/__icsFiles/afieldfile/2017/07/07/1387403_1.pdf（参照 2022-12-14）

内閣府（2019）「AI 戦略2019　～人・産業・地域・政府すべてに AI」
https://www8.cao.go.jp/cstp/ai/aistratagy2019.pdf（参照 2022-10-28）

内閣府（2019）「「AI 戦略2019」の概要と取組状況」
https://www.maff.go.jp/j/kanbo/tizai/brand/attach/pdf/ai-14.pdf（参照 2022-10-28）

中村典生（2022）「小学校英語教育における児童に最適化された AI アバターの開発と現場への導入」
https://kaken.nii.ac.jp/grant/KAKENHI-PROJECT-22H00678/（参照 2022-11-4）

中村典生（2019）「小学校英語教育における AI との共存を目指したアバターの開発と教育現場への導入」
https://kaken.nii.ac.jp/grant/KAKENHI-PROJECT-19H01285/（参照 2022-12-23）

日本経済新聞
https://www.nikkei.com/search?keyword=AI&volume=10（参照 2022-10-28）

総務省（2019）「令和元年版　情報通信白書」
https://www.soumu.go.jp/johotsusintokei/whitepaper/ja/r01/html/nd113210.html（参照 2022-10-28）

第 4 章

小学生の英会話 AI 製作の視点と課題

第4章　小学生の英会話AI製作の視点と課題

1　序論

現在、小学校の外国語指導は主として担任教員が行うが、それに加えてAssistant Language Teacher（以下ALT）と呼ばれるネイティブの指導助手が、授業補助や英会話の相手となって担任教員をサポートしている。ALTは多くの児童の最も身近なネイティブスピーカーであり、彼らは児童の意図を汲み取り、児童の興味や関心に基づいて様々な返答を行うため、児童同士、及び教員と児童よりも多くの会話を引き出すことが出来る点から、児童の英会話の相手として現状は最も理想的である。しかしながら、離島や小規模の小学校ではALTが不足している。例として、文部科学省によると、長崎県は学級数3,492クラスに対してALTの活用人数は242人であることが分かっている［1］。これは単純計算すると、ALT一人当たり14～15クラスを担当しなければならないことになる。さらに、長崎県には多くの離島の小学校があり、ALTの中には中学校や高校を兼任している場合もある。このような状況から、ALTと会話をする時間は限られていることがうかがえる。そのような小学校では教員の負担の増加や、指導環境に格差が生まれる可能性が高い。それに加えて、2020～2021年度にかけて新型コロナウイルスの感染拡大の影響を受け、多くの小学校が休校を余儀なくされた。今後の感染拡大も十分に考えられる中で、新たな外国語教育の目標を達成するためにも、従来の対面のみでの英会話だけでなく、新たなコミュニケーションの手段を検討する必要があると考える。

一方で、教育現場の指導方法改善における取り組みの一環として、文部科学省は新たな方針として GIGA スクール構想［2］を発表した。この取り組みでは、「多様な子供たちを誰一人取り残すことなく、公正に個別最適化され、資質・能力が一層確実に育成できる教育環境を実現する」ことを目的とし、1人に1台タブレット端末や PC 等の ICT 機器の導入及び電子黒板、無線 LAN の整備を行っている。現在、この ICT 機器の学びへの活用によって、検索サイトを活用した調べ学習やデジタル教材による学習進捗状況の可視化などを通し、一人一人の教育的ニーズや学習状況に応じた個別学習の実現に貢献している。また外国語の授業においても、一部の小学校ではライティングの自動添削機能の活用や海外の子供との交流授業を行っており、学習活動の一層の充実のためにも今後の教育現場で ICT 機器を活用した教育が行われていくと考えられる。

先に述べた通り、現在、ALT 不足による指導環境の格差の増加が懸念されていること、新型コロナウイルスによる対面授業の制限、タブレット端末の導入による学習の個別化など、様々な課題の増加と状況の変化が起こっている。これらを踏まえ、今後の教育現場における外国語教育のさらなる指導方法改善の一環として、ALT の代用となりうる小学生のための英会話システムの開発があげられると考える。ALT と教員の違いとして、ALT は児童のカタカナ発音やジェスチャーなどの意図を汲み取り会話をより続けること、また児童の興味や関心に基づいて様々な返答を行うことが特徴であると言える。よって、ALTの代用を目的としたシステム開発においての要件としては、以下の要件１及び要件２があげられる。さらに、ユーザである児童が主体的に取り組めるアプリケーション開発が必要であると考えられるため、ユーザ側の満足度を検討するための用件として、以下の要件３があげられる。

- 要件１：会話の意図を広く認識できる
- 要件２：会話を幅広く行うことができる
- 要件３：児童が主体的に取り組める

本研究では、これらの要件を達成するための英会話アプリケーションを製作した。

2　関連研究・先行研究

現状、小学生を対象とした英会話システムに関する研究は少ないが、東らは英会話のスピーキングの学習を促す教具としての人工知能の有効性と英語スピーキング力測定の際の学習情報収集用教育ツールとしての人工知能の有効性の両方を検証するために、AKA株式会社のコミュニケーションロボットであるMusio［３］を用いた研究を行っている［４］。Musioは学習者が話す英語を音声認識し、認識された内容に応じてクラウド上にある膨大な情報をみずから検索して回答を返すことができる。しかしながら、Musioについて東らは、「Musio 導入後にわかったことであるが、Musio は基本的に学習者から発せられた 1 つの質問に対して 1 つの回答をすることになっており、1 度行った対話内容を記憶して対話を自発的に発展させるという能力はもっていない。」と説明している。すなわち、会話のレパートリーが少ないことが課題であることが分かる。

また、著者らの先行研究［5、6］として、コミュニケーションロボットが話し相手となる英会話システムを作成した。このシステムでは、録音機能や音声合成機能を有する NEC 社製のコミュニケーションロボット PaPeRo i［7］、音声認識を行う Google Cloud Text-to-Speech API［8］、会話制御を行う Watson Assistant API［9］を連携させることで、児童の返答に基づいて様々な質問を行う英会話システムを開発した。Watson Assistant は IBM が開発を行っている、チャットボットのような会話を簡単に作るための支援機能を提供するサービスである。Watson Assistant はルールベースに基づくチャットボットであるため、単語の意味の定義や図 1 のような会話文の分岐などの定義を行う必要がある。そのため、先行研究では、会話文を定義し、小学校で学習する全ての英単語を学習させた。このシステムを用いて、実証実験として児童に利用してもらったが、「東京タワー」や「ディズニーランド」といった固有名詞を Watson Assistant が認識出来ないケースが多く、会話のつながりが希薄になってしまうこと、また、音声認識の段階で児童の言葉の認識率を向上するためにも、音声認識の部分を改善する必要があることが分かった。

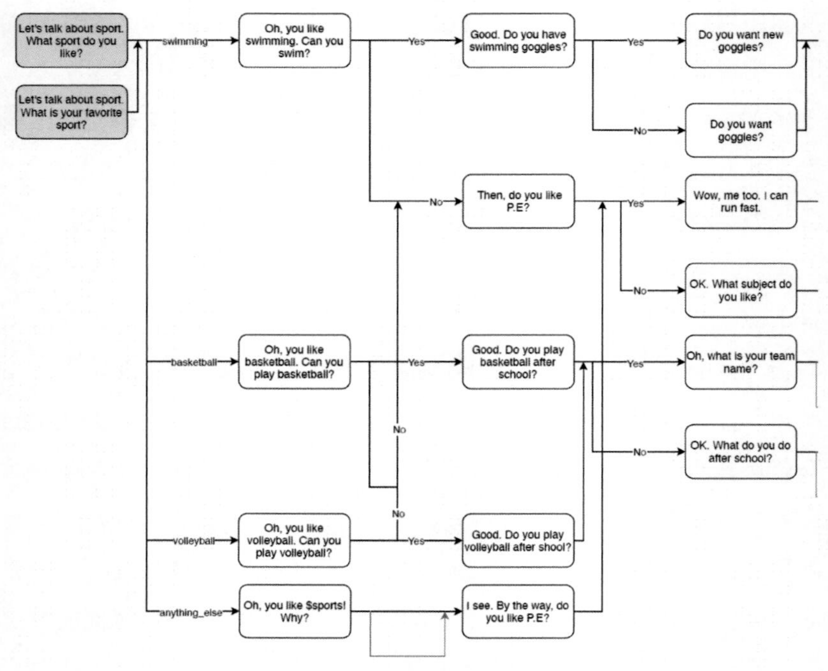

Let's talk about sport. What sport do you like?
Let's talk about sport. What is your favorite sport?
swimming
basketball
volleyball
anything_else
Oh, you like swimming. Can you swim?
Oh, you like basketball. Can you play basketball?
Oh, you like volleyball. Can you play volleyball?
Oh, you like $sports! Why?
Yes
No
Good. Do you have swimming goggles?
Then, do you like P.E?
Good. Do you play basketball after school?
Good. Do you play volleyball after shool?
I see. By the way, do you like P.E?
Do you want new goggles?
Do you want goggles?
Wow, me too. I can run fast.
OK. What subject do you like?
Oh, what is your team name?
OK. What do you do after school?

図 1　会話定義文の一例

3　小学生英会話 AI システム

3.1　概要

本研究では、ALT の代用としての新たなコミュニケーション手段となる小学生英会話 AI システムを開発する。しかしながら、会話のレパートリーの多い英会話アプリケーションという観点のみで考えると、既に多くの英会話アプリケーションが存在する。本研究は対象ユーザが小学生であり、授業で活用できるシステム開発を考慮するため、現時点で存在する他社の英会話アプリケーションと比較して、実現しなければならないポイントとして以下が考えられる。

1.　文部科学省の学習指導要領に基づいた質問を行う
2.　児童の好みや趣味によって動的に質問を変える

1 に関して、本研究はあくまで文部科学省及び教育現場の指導方針に沿った上で、より良い指導方法の提案を目的とし、授業の中で活用できる英会話システムの開発を目指しているため学習範囲は文部科学省が定めた指導方針に合わせた英会話を行う必要があると考える。小学校で使用される教科書のうち、現在最も普及率の高い「New Horizon Elementary」[10] を例にあげると、教科書の内容をユニットという区切りで分けて、自己紹介や夏休みの思い出、将来の夢などを各ユニットで学ぶ。また、教員用に配布される教科書の学習指導書には、学習到達目標が詳細に記されており、その中にはユニットごとに行うべき質問（以下キークエスチョン）が記述されている。授業の中で活用してもらうためにも、キークエスチョンは少なくとも必ず行う必要があると考える。

2に関して、先行研究で得られた課題としては、会話のレパートリーが少なく同じ質問を何度も繰り返して同じ返答を行ってしまうといった課題があった。ALTのように児童の好みや関心によって質問を動的に変更することは、ユーザ側にとっても倦むケースを減らし、児童の学習意欲向上に繋がると考える。すなわち、1及び2の双方を実現することで、教育現場で活用できる英会話アプリケーションが実現できると考える。

本システムは、実際に小学校で導入されているICT機器を用いて、図2のように英会話を行うだけでなく児童の会話記録を個々に

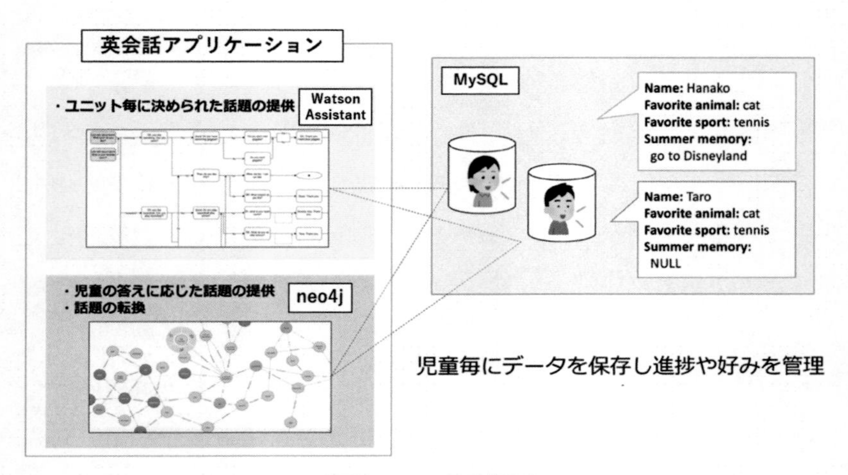

図2　システム概要

データベースに収集し、児童ごとの進捗や興味、関心に合わせた会話を行うことで、児童のデジタルツインを作成することができるシステムを提案する。

3.2 ユースケース

本システムのユースケースを以下に示す。アプリケーションを起動すると図 3 のような画面が起動する。パスワードや ID を登録するといった、児童にとって煩雑と思われる処理を省き、本研究では自身の名前のみを入力する。入力後、赤色の「Let's Talk!」と書かれたボタンを押下することで、会話画面に遷移する。

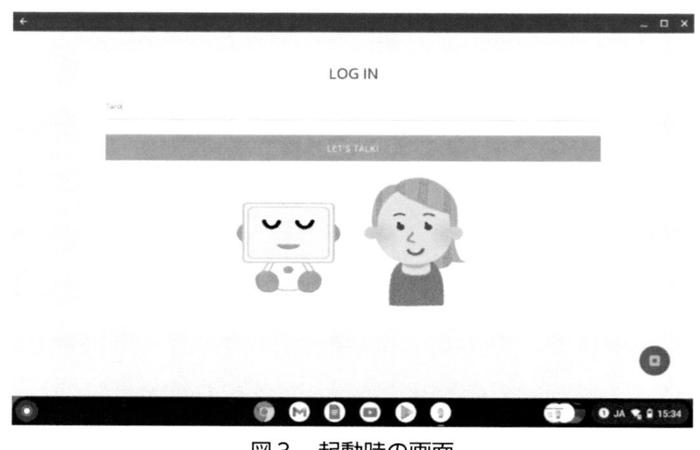

図 3　起動時の画面

ログイン後、図 4 の画面が表示される。上部の UNIT と書かれた 8 つのボタンのいずれかを押下することで会話が始まる。UNIT ボタンはNew Horizon Elementaryの教科書の内容に合わせて作成している。例として、UNIT 1を押下すると、教科書のUNIT 1の内容に関する質問を行う。また、図4の左下にあるOPTIONと書かれた設定画面から、吹き出しの有無や会話速度、ピッチの調整などをリアルタイムで変更することが出来る。

図4　ログイン後の画面

また、児童の回答に合わせて、会話を継続するか、リピートして同じ会話を行うか、会話を終了するかをシステム側で判断する。

3.3 システム構成

図5に本システムの構成図を示す。本システムは、インターフェースとなるタブレット端末内の英会話アプリケーションとクラウドサーバから構成されている。英会話アプリケーションは英会話機能を有しており、タブレット端末の既存機能であるマイク、スピーカー、ディスプレイを使用している。クラウドサーバは音声認識や会話文の単語の意味分類を行う前処理機能と返答文生成処理機能を有しており、データ収集を行うデータベースとの連携を行っている。

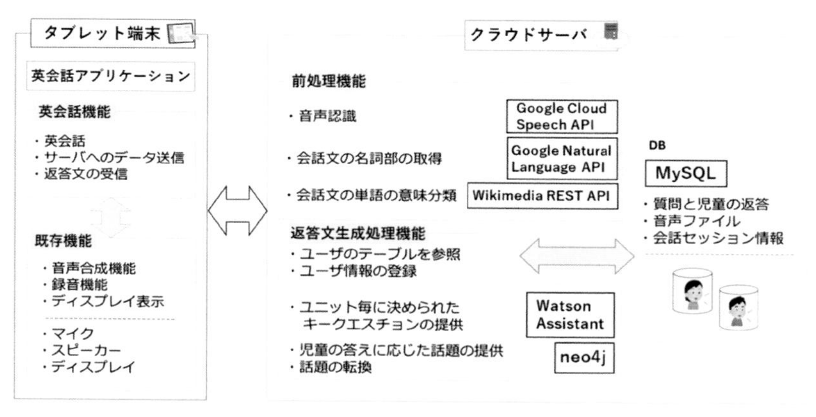

図5　システム構成図

3.3.1 タブレット端末

本システムでは、児童の会話の録音、ユーザ情報等を収集しサーバへ送信、ディスプレイ表示や音声合成を行うためのインターフェースとしてタブレット端末を用いる。本システムでは、小学校への導入率が高いChromebookを用いた。Chromebookの外観を図6に、その仕様を表1に示す。Chromebookは Chrome OSと呼ばれる、Linuxカーネルをベースとした Androidと互換性のあるオペレーティングシステム（OS）である。また、アプリケーションの開発環境として、アプリケーション開発のためのサービスであるMonaca［11］を利用した。Monacaは、アシアル株式会社が開発・運営しているHTML 5アプリケーションの開発プラットフォームである。このサービスでは、Webブラウザからアクセス可能なWeb IDEを用いて、HTML及びJavaScriptといったWebブラウザベースの言語によって開発したアプリケーションをAndroid、iOS、Webアプリケーションなどの様々なOSで動作するようにビルドすることができる。

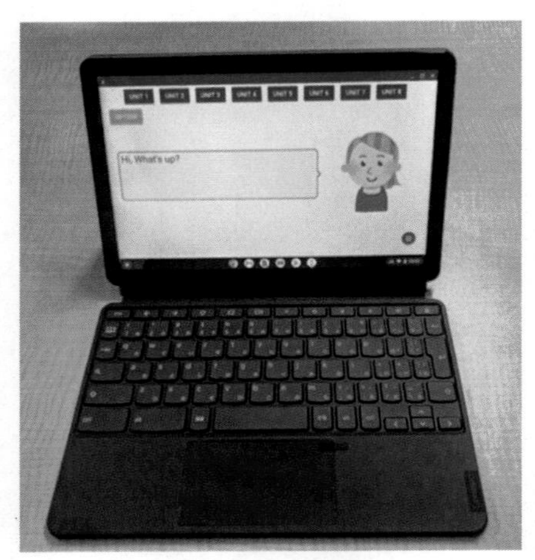

図6　タブレット端末（Chrome book）の外観

表1：タブレット端末の仕様

項目	内容
機種名	IdeaPad Duet Chromebook
OS	Chrome OS
CPU	MediaTek Helio P60T
製品サイズ	16.93 x 24.49 x 1.82 cm, 920 g
RAM 容量	4 GB

3.3.2 クラウドサーバ

本システムでは、会話データの収集及び各種 API の呼び出しのための橋渡しとしてクラウドサーバを用いる。クラウドサーバは、さくらの VPS[12] を使用する。さくらの VPS の仕様を表 2 に示す。

表2　クラウドサーバの仕様

項目名	内容
OS	CentOS 6.9
CPU	Intel® Xeon® CPU E 5-2640 0
メモリ	4 GB
ストレージ	HDD 400GB

3.4　システムフロー

図7に本システムの処理フローを示す。概要としては、インターフェースのタブレット端末によって録音された児童の会話音源と児童の個人が識別可能なデータ（名前等）をHTTPリクエストにてサーバへ転送する。データを受信したサーバは、本研究で提案する音声認識処理を行い、変換したテキストデータに対して各種API

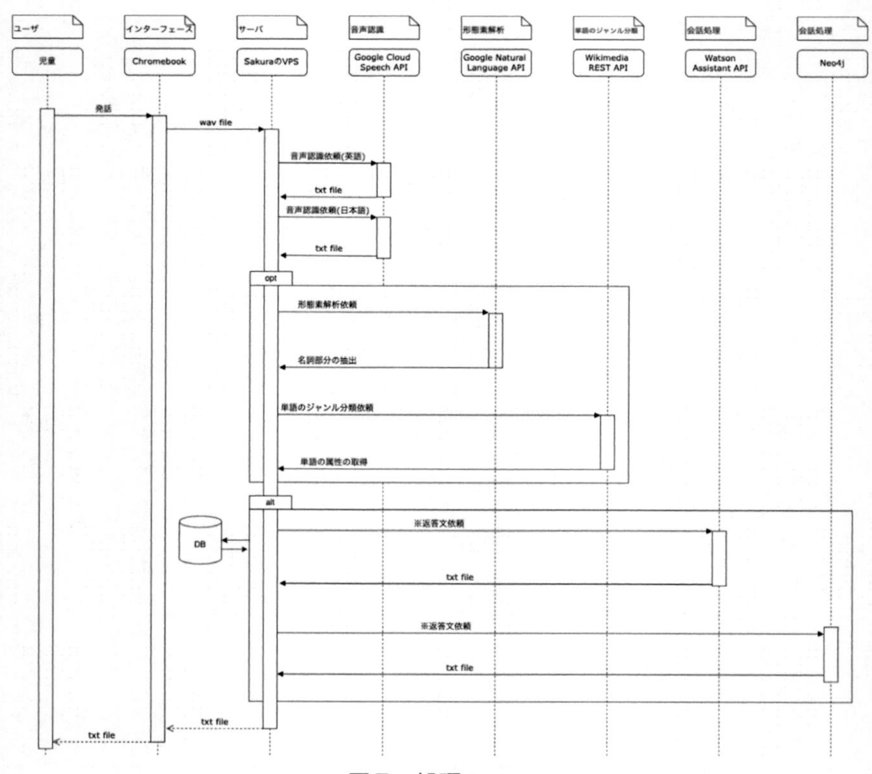

図7　処理フロー

を利用することで Watson Assistant が識別可能な文章に変換する前処理を行う。その後、本システムの会話制御で利用している Watson Assistant と Neo 4 j、さらに児童の会話 DB を参照して返答文を決定する。最終的な返答文をタブレット端末へ転送し、タブレット端末の音声合成機能を用いてその返答文を発話する。

3.5 前処理機能

3.5.1 音声認識

本システムにおける会話機能を実現するための機能の 1 つである音声認識について述べる。本システムでは、音声認識 API である Google Cloud Text-to-Speech API を利用する。先行研究においてもこの API を利用していたが、先行研究の実証実験において、ALT であれば認識可能な範囲である日本語に近いカタカナ発音を児童が頻繁に発音しており、またその発音をシステム側が正しく認識できないといった課題が得られた。その改善案として、当初は IBM Watson の提供するサービスである Watson Text to Speech［13］のようなカスタマイズ音声認識の利用があげられた。カスタマイズ音声認識は、発音の訛りやカタカナ英語のような非ネイティブな発話群を AI に学習させることで固有の音声認識モデルを生成し、それぞれの環境にのみ認識率の高い音声認識モデルを作成することのできる技術である。しかしながら、先行研究で収集することのできた児童の会話データは僅かであり、現時点で児童の会話記録を収集する手段が他に存在しなかったため、本システムではカスタマイズ音声認識の利用を断念した。

そこで、本システムでは、先行研究との変更点として、英語だけでなく日本語での音声認識を適用し、それぞれを併用する新たな音声認識処理を提案する。日本語音声認識を導入する理由として、先行研究で得られたデータを実際に聴いた際、多くの発話は短文で、カタカナ英語と呼ばれる非ネイティブな発音を行う児童が多くいたことが分かったため、日本語音声認識を活用することで認識率が向上するので出来るのではないかという仮説を立て、導入することを検討した。

図８に提案する音声認識の処理フローを示す。処理の流れとしては、児童の発話によって得られた音声ファイルに対して英語での音声認識と日本語での音声認識とで別々に行う。まず、正しい発音で発話した場合を優先するために、英語の認識結果の文章の名詞部分を Watson Assistant で学習させた単語の一覧と比較する。補足として、Watson Assistant で学習させた単語の一覧は、主に小学校で学ぶ単語を中心としており、CSV ファイルとして簡単に取得できる。単語一覧の中に含まれていれば、質問に対する正しい答えであるかまでは判断せず、少なくとも発音が正しく認識出来ているとみなし、認識結果に変更は加えず次の処理に移行する。一覧の中に含まれていなければ、誤って認識しているとみなし、日本語の音声認識結果を翻訳した発話文を確認する。同様の手順で、翻訳結果の文章の名詞部分が Watson Assistant で学習させた単語の一覧の中に含まれていれば、元の文章の名詞部分を日本語の翻訳結果に置き換えて次の処理に移行する。

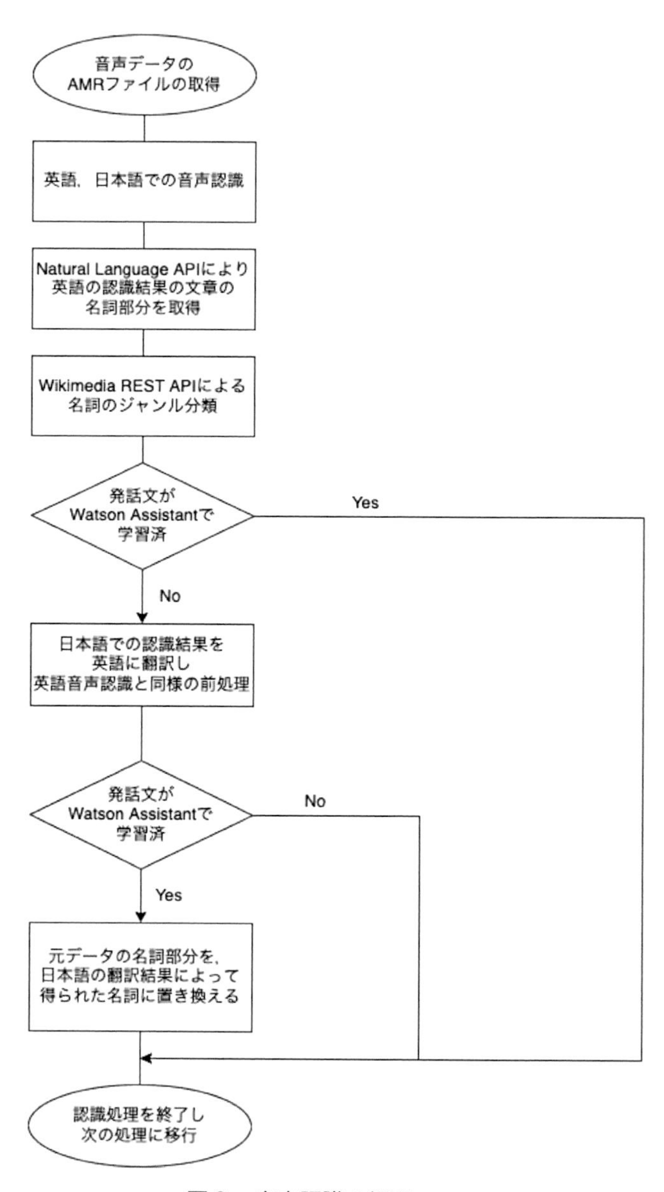

図 8　音声認識の処理フロー

3.5.2　発話文の単語の意味分類

先行研究で得られた課題として、地名や建物などの固有名詞をWatson Assistantが正しい意味で認識できずに会話が成立し得ないケースが多く発生することがあげられた。理由としては、Watson Assistantに学習させている英単語の範囲は、小学生が習うものがほとんどであり、全ての国名や都道府県名、建物の名前などの固有名詞は学習させていないからである。仮に、認識率を上げるために固有名詞をWatson Assistantに新たに学習させたとしても、手動で学習を行うためかなりの手間がかかる上、児童が小学校で学んでいない果物やスポーツなどを発話した際に認識できないケースが考えられる。

そこで、本システムでは、Watson Assistantにデータを渡す前処理として、発話文に含まれる名詞の動的なカテゴリ分類を行うことで、発話文の意図を変えずにシステム側が認識できる処理を行う（図9）。

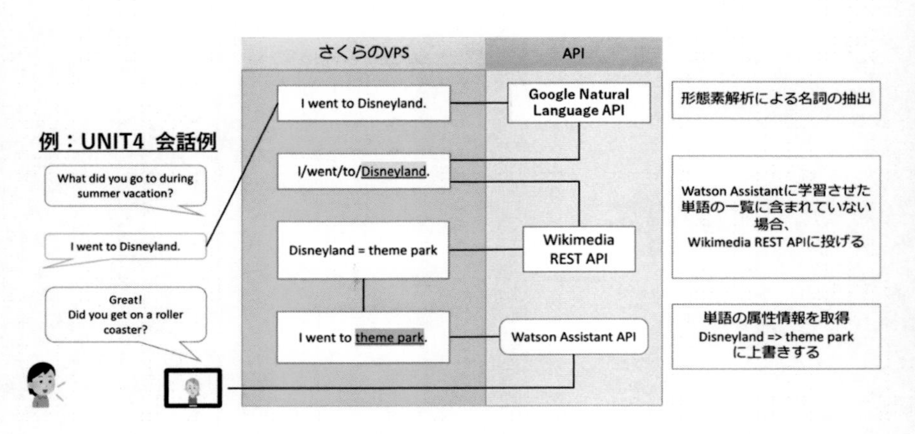

図9　発話文に含まれる名詞のカテゴリ分類処理

図9のUNIT 4の会話例を基に説明する。UNIT 4の内容は夏休みの思い出に関して話し合うパートであり、例としてアプリ側で発話された“What did you go to during summer vacation?”という問いかけなどを行うとする。この質問に対する返答は、児童の思い出によって様々であり、不特定多数の地域や施設などを答える可能性が高い。ここでは、先行研究の実証実験で実際に児童が答えた例をあげ、“I went to Disneyland.”と返答したとする。先行研究ではこのデータをそのままWatson Assistant APIに渡していたが、本システムでは図9のように「Disneyland」を「theme park」という名詞の属するカテゴリに変換する処理を行なった。この処理を行うことで、本来会話処理部分で認識できなかった固有名詞が、より曖昧な意味ではあるが、Watson Assistantが認識できる語句に変換されることで、図9の“Did you get on a roller coaster?”のような児童の意図を汲みとった返答を行うことが可能となる。

処理の流れを図10に示す。児童の発話の名詞部分を取得するためには形態素解析を行う必要があったため、本システムではGoogle Natural Language API［14］を用いる。このAPIを用いて得られた名詞部分の「Disneyland」とWatson Assistantで学習させた単語の一覧とをクラウドサーバ（さくらのVPS）上で比較し、一覧の中に含まれない単語、すなわちWatson Assistantが未学習の単語であった場合は、名詞のカテゴリ分類処理に移行する。本システムでは名詞部分の単語を動的にカテゴリ分類するために、Wikimedia REST API［15］を用いる。Wikimedia REST APIは、あらかじめWikipediaによってカテゴリ分類されたプログラムが可読可能な

json 形式のデータで取得することができる API である。

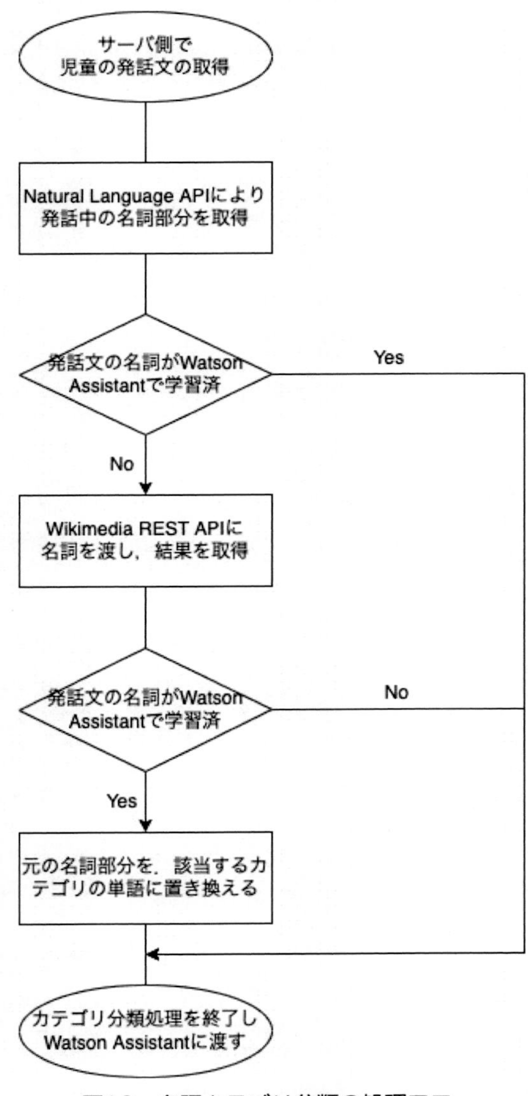

図10　名詞カテゴリ分類の処理フロー

例として、「Disneyland」という単語に対して、このAPIを使用した時に取得できるデータの一部を図11に示す。本研究ではこれらの構造化されたデータのうち、端的に言葉の意味が記述されたdescription部分と、文章で詳細に説明されたextract部分の2箇所のデータを取得する。


```
description:            "American theme park in California owned by The Walt Disney Company"
description_source:     "local"
coordinates:
  lat:                  33.81
  lon:                  -117.92
content_urls:
  desktop:
    page:               "https://en.wikipedia.org/wiki/Disneyland"
    revisions:          "https://en.wikipedia.org/wiki/Disneyland?action=history"
    edit:               "https://en.wikipedia.org/wiki/Disneyland?action=edit"
    talk:               "https://en.wikipedia.org/wiki/Talk:Disneyland"
  mobile:
    page:               "https://en.m.wikipedia.org/wiki/Disneyland"
    revisions:          "https://en.m.wikipedia.org/wiki/Special:History/Disneyland"
    edit:               "https://en.m.wikipedia.org/wiki/Disneyland?action=edit"
    talk:               "https://en.m.wikipedia.org/wiki/Talk:Disneyland"
extract:                "The Disneyland Park, originally Disneyland, is the first of two theme parks built at the Disneyland
                        Resort in Anaheim, California, opened on July 17, 1955. It is the only theme park designed and built to
                        completion under the direct supervision of Walt Disney. It was originally the only attraction on the
                        property; its official name was changed to Disneyland Park to distinguish it from the expanding complex
                        in the 1990s. It was the first Disney theme park."
```


図11　Wikimedia REST APIでの取得データ（Disneyland）

変換の手順としては、これらのデータをWatson Assistantで学習済みのカテゴリの単語の一覧と比較し、その一覧の中に該当する単語が取得されたデータの中に含まれていた場合、その単語を上書きする。図11の例では、Watson Assistantに学習させているカテゴリレベルの単語の一覧のうち、theme parkという単語がWikimedia REST APIで得られたデータの中に含まれているため、Disneylandをtheme parkという単語に置き換える処理を行う。この処理によって、具体的な場所までは分からなくとも、「テーマパークに行った」

という情報が分かれば、図 9 のようにその意図に基づいた返答を行うことができる。

3.6 返答文生成処理機能

会話処理の流れとして、会話の最初は指導要領に沿った質問であるキークエスチョンを用いて話題提供を行う必要がある。本システムでは、Watson Assistant を序盤の話題提供を行うための処理として用いる。先行研究では、全ての会話処理を Watson Assistant によって制御しており、会話の様々な返答パターンを手動で定義した。仮に児童が同じ質問に対して様々な返答を行うことができれば、答えに沿った様々なパターンの返答を Watson Assistant のみの会話制御で実現することができる。しかしながら、Watson Assistant のみの会話制御では、児童が同じ質問に対して同じ答えで返答した場合の返答パターンが決まっているため、会話の幅の広がりは児童の答えに依存してしまうという課題があった。よって、会話のレパートリーを広げるためには、児童が同じ質問に対して異なる答えを返す必要がある。

また、先行研究ではデータベースは会話履歴を残すことのみで利用していたため、児童の好きなものや興味を認識することはできず、UNIT ボタンを押すたびに好きな食べ物や動物を聞くなど、どの児童に対しても同様の質問が繰り返され、児童ごとにパーソナライズされた質問が出来ないという課題があった。

そこで、本システムでは児童の答えた会話履歴に応じて質問を動的に生成する仕組みとして、Neo 4 j［16］を用いた会話システムを提案する。

3.6.1 MySQL による児童ごとの会話履歴の作成

児童の興味や関心に基づいた質問を行うために、児童ごとのデータベースのテーブルを生成し、会話の履歴を作成する。本システムでは、アプリ起動時のログイン画面で入力した児童の名前ごとに MySQL［17］上にテーブルを作成する。また、保存する情報として、図12のようにアプリ側の会話内容（in_question, next_question）及び児童の会話内容（out_response)、作成した音声ファイルの格納場所（audio_name）をそれぞれ記録している。それぞれの情報はデータに手を加えずにそのまま保存しているが、Neo 4 j の会話処理への利用に向けて形態素解析を行い、名詞部分を抽出しておく必要がある。

```
*************************** 5. row ***************************
  in_question: Hello, my name is Emma. Nice to meet you, user3.
So, how is the weather today?
 out_response: Sunny.
next_question: Sunny! Thank you for teaching. It's fall now. I know you like summer. Then, do you go to the beach?
   audio_name: 2022-01-21/034433652.amr
*************************** 6. row ***************************
  in_question: Sunny! Thank you for teaching. It's fall now. I know you like summer. Then, do you go to the beach?
 out_response: 6th grade unit 1
next_question: Hello, my name is Emma. Nice to meet you, user3.
So, how is the weather today?
   audio_name: No audio file
*************************** 7. row ***************************
  in_question: Hello, my name is Emma. Nice to meet you, user3.
So, how is the weather today?
 out_response: Sunny.
next_question: Sunny! Thank you for teaching. It's fall now. I know you like summer. Then, do you like a camp?
   audio_name: 2022-01-21/144239814.amr
```

図12　履歴内容（**MySQL**）

3.6.2　Neo 4 j による会話処理機能

本システムでは、児童の会話履歴に基づいた話題提供や話題転換を行うために、Neo 4 j を用いた会話システムを提案する。Neo 4 j は、Neo Technology が開発したオープンソースのグラフ型データベース（以下グラフ DB）である。グラフ DB とは、簡単にいえば点（以下ノード）と線（以下リレーション）からなるグラフ構造を扱うデータベースである。MySQL などの広く普及している RDB（リレーショナルデータベース）と比べて、データ同士の関係性に着目したデータベースである。Neo 4 j の操作には、「Cypher QL（Cypher Query Language）」というグラフデータベース専用のクエリ言語を使用し、必要なデータを受け取ることやブラウザやツールを用いてグラフを可視化することも出来る。

本システムでは、小学生で習う単語をノードに、ノード同士の連想関係にあたる単語同士、単語に関連する動詞、疑問詞をリレーションで結ぶことで、Neo 4 j 上に動的に質問を生成する英会話システムを製作した。

例として、図13に「spring」を起点とした連想ワードとその関係を表す。spring（春）に関連する言葉として、cherry blossom（桜）、new class（新しい授業）、new friends（新しい友達）、sleepy（眠い）という 4 つのノードが「Association」というリレーションで接続されており、それらの言葉には 1 つ以上の動詞が「N_V」というリレーションで接続されている。Association を辿ると、さらにそれぞれの言葉の連想ワードとその言葉に関連する動詞が接続されていることが分かる。

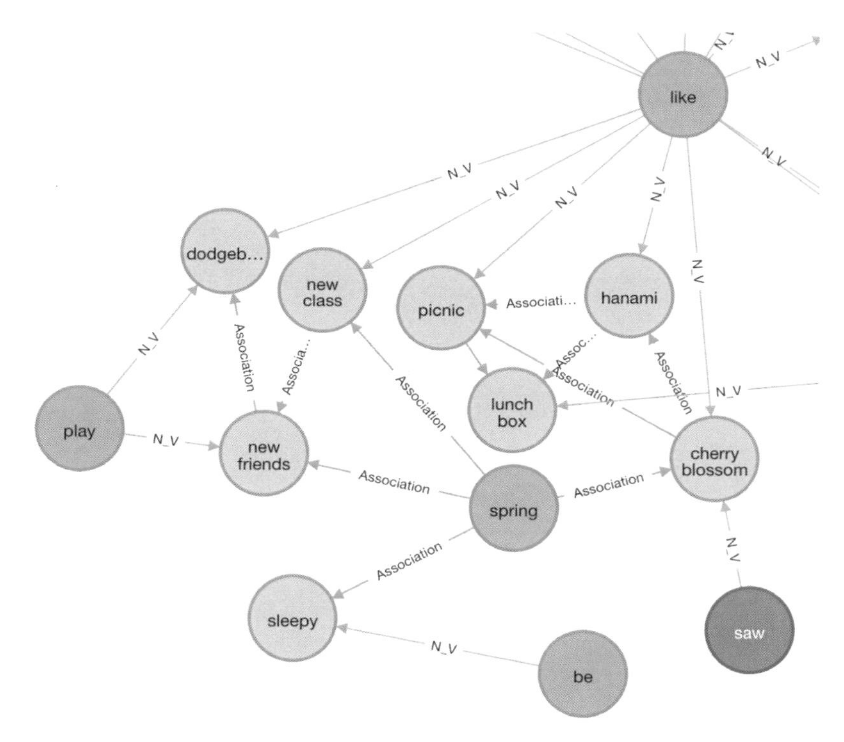

図 13　**Neo 4j** ノードとリレーションの関係

例として、「春」と「夏」に関するワードコネクションを図14に示す。これらは小学校英語教育に関わる教員によって作成されたものであるが、日本語での連想ワードであるため小学生の学習範囲を超える言葉も多く存在する。そのため、本システムでは、小学校で学習する単語及び外来語（他の言語から借用し自国語と同様に使用するようになった語）のみを使用する。

			connection 1	connection 2	connection 3	connection 4
1	**spring**	1	entrance ceremony	first grader	short	pretty
	春		入学式	1年生	小さい	かわいい
		2	cherry blossom	cherry blossom viewing	picnic	lunch box
			さくら	花見	ピクニック	弁当
		3	new class	new friend	play together	dodgeball
			新しいクラス	新しい友達	一緒に遊ぶ	ドッヂボール
		4	hay fever	sneeze	runny nose	mask
			花粉症	くしゃみをする	鼻水	マスク
		5	sleepy	yawn	contagious	influenza
			眠たい	あくびする	うつる	インフルエンザ
2	**summer**	1	summer vacation	work	science project	science
	夏		夏休み	（夏休みの）作品	自由研究	理科
		2	shaved ice	cold	freezer	ice cream
			かき氷	冷たい	冷凍庫	アイスクリーム
		3	swimming pool	lazy river	wave pool	swim ring
			プール	流れるプール	波のプール	浮き輪
		4	camp	tent	flashlight	blackout
			キャンプ	テント	懐中電灯	停電

図14　ワードコネクション（季節）

会話処理の流れとしては、図7ようにWatson AssistantかNeo 4jのどちらかによって生成された返答文を使用する。具体的な選択方法を図15に示す。大まかな手順としては、MySQLの会話履歴を参照し、以前に会話ユーザが同じ質問に答えており、かつ、答えがNeo 4j上で生成できる単語を答えていればNeo 4jで質問を生成する。UNIT 1で実際に行われる質問を例にすると、“What season do you like?”という質問をシステム側が一度行った際に、“summer”と返答したとする。システムは、MySQL上にこの質問と答えのセットが保存する。その会話を一度終了し、システム側が再び同じ質問をする際にMysqlを参照し、同じ質問を以前に行ったことを確認しする。その質問に対する答えがNeo 4j上に存在する（この例ではsummer）とき、Neo 4j上にsummerというノードが存在するのを確認したのち、Neo 4 j で summer とリレーションを持つノードをランダムに選択し、選択したノードとリレーションを持つ動詞を取得し質問を生成しする。Watson Assistant で生成した質問を上書きすることで2回目の同じ質問を繰り返すことなく、児童の好みに応じた別の質問を行うというプロセスである。一度 Neo 4 j で質問を生成した際は、Neo 4 j で3度質問を生成したのち、会話を終了する。また、図13のように、Neo 4 j 上には語句と語句同士のリレーションから成るが、Neo 4 j から直接質問を生成しているというわけではない。Neo 4 j の質問の生成プロセスとしては、対象のノードと、それとリレーションを持つ動詞をサーバ上で取得し、動詞に合う疑問文をサーバ上であらかじめ定義しておき、質問文として生成する。例えば、summer というノードから、camp と like というノードが得られた場合、"Do you like a camp?" という質問を生成する。次にノード検索を行う際には、camp を起点とし質問を生成することで直前の質問と連想した質問を行う。また、使用したノードはユーザごとにサーバに記録しておくことで、同じ質問を行うことを防いでいる。ただし、辿ることのできるノードは有限であるため、ノードが辿れなくなった場合は、一つ前に辿ったノードから質問を生成することを繰り返し行う。全てのノードを辿ってしまい、質問がこれ以上生成出来なくなるケースが発生した場合は、辿ったノードの記録をリセットする。

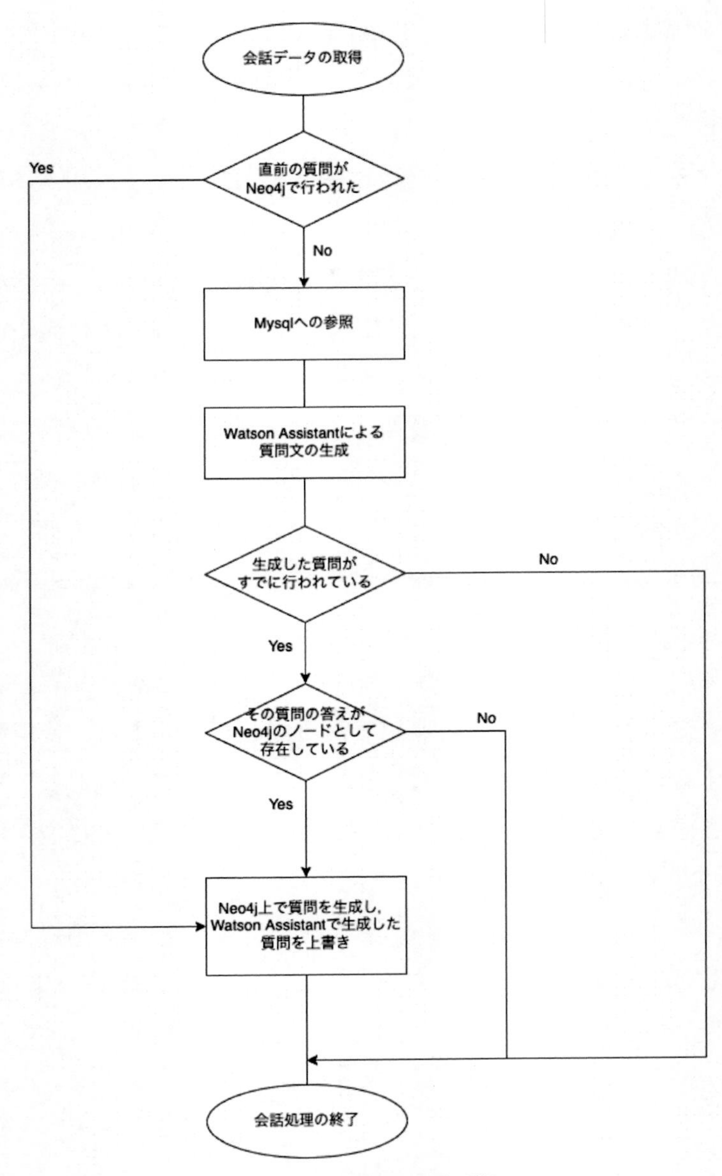

図15　返答文の生成手順

4　性能評価・実験

本章では、１章の３つの要件を満たすシステムであるかを検証するために、性能評価及び実験を行った結果を示す。4.1節では要件１で述べた音声認識に関する評価、4.2 節では要件２で述べた会話のレパートリーに関する評価実験について述べる。

4.1　要件１に関する性能評価

4.1.1　実験内容

要件１を満たしているかを検証するための実験として、本システムで導入した英語音声認識と日本語音声認識の併用が、先行研究での英語のみの音声認識と比較して、認識率にどのような変化を与えているかを検証する。また、固有名詞の認識率に関して、本システムで導入したシステムが、変更前のシステムと比較したときと比べて認識率の変化を以下の手順で行う。

①　児童の会話履歴の文字起こし

2021年度の12月に行なった小学校での実証実験で得られた会話ログを用いて文字起こしを行った。音声ファイルの対象として、無言で何も発話していないファイル及び会話に関係ない会話を行っていた場合（児童同士で日本語で会話しているケース等）については省くこととする。

② 対象データに対する英語及び日本語での音声認識に関する評価

英語のみの認識結果（先行研究）、日本語のみの認識結果、その両方を利用した時の認識結果を比較した時の認識率の変化をグラフに示す。

③ 対象データの名詞部分の抽出、及び各データの認識率の変化の評価

対象の音声データのうち、実際に児童が発話した名詞部分を抽出し、先行研究と本システムを比較したときに、それらを Watson Assistant が認識できるかどうかをグラフで示す。

4.1.2 実験結果

② 対象データに対する英語及び日本語での音声認識に関する評価

対象ファイルに関しての認識結果を図16～18として示す。図22の日本語、英語の音声認識の併用の結果に関しては、図11のフローチャートのプロセスを経て得られた認識結果である。正誤の判断について、①の文字起こしの結果と認識結果を比較し、正しく認識した場合を正、それ以外の場合を誤として表す。正と判断する基準としては、Watson Assistant 及び Neo 4 j が認識できる場合とするため、文字起こしと認識結果の完全一致及だけでなく三人称、単数、現在形程度の違いや、認識に関係しない主語や動詞の違いのみの場合も正と判断する。

また、比較対象の参考データとして、図19及び図20に先行研究（PaPeRo i）で児童に対して行った実証実験での認識結果及び大学生に対しての認識結果を示す。最後に、図21に全体の認識結果の比較を示す。

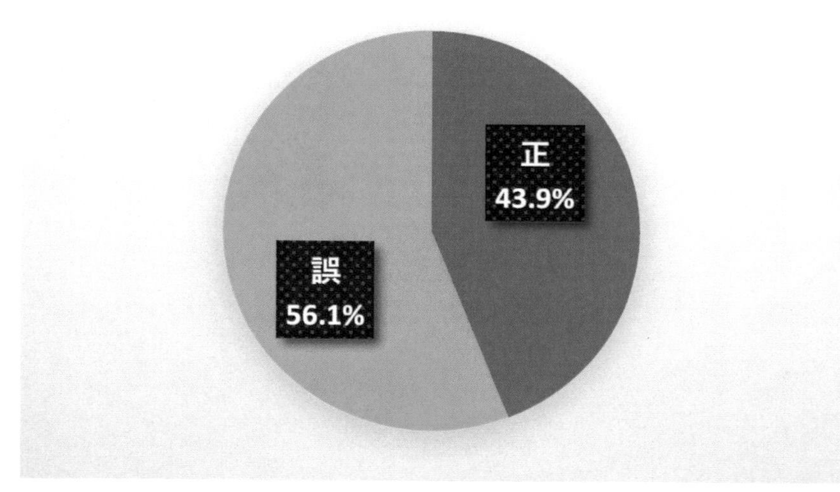

図16　認識結果（英語音声認識）

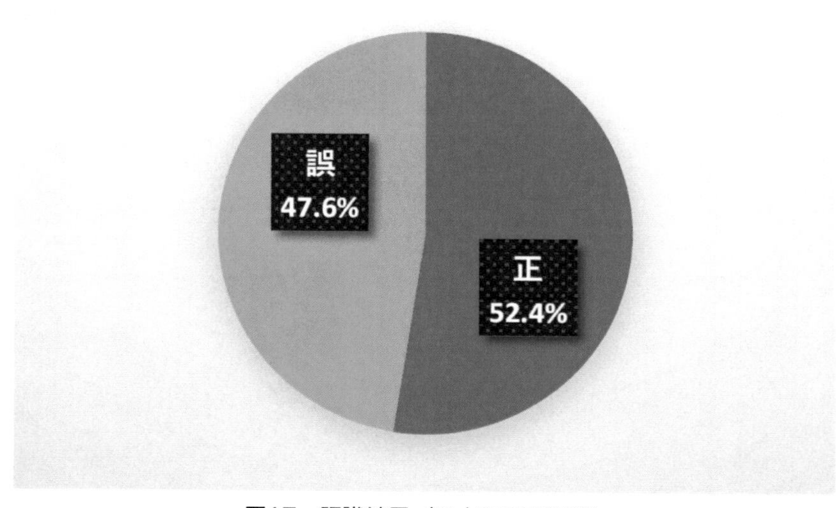

図17　認識結果（日本語音声認識）

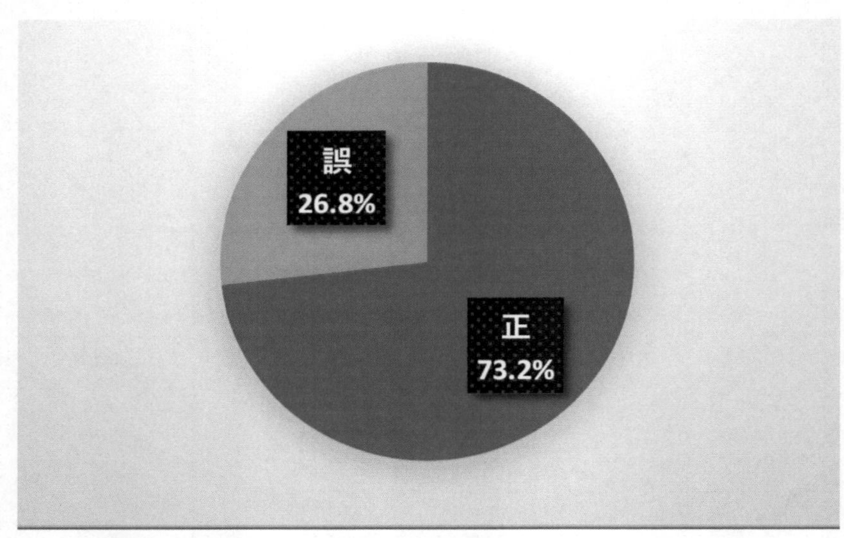

図18　認識結果（英語と日本語音声認識の併用（本システム））

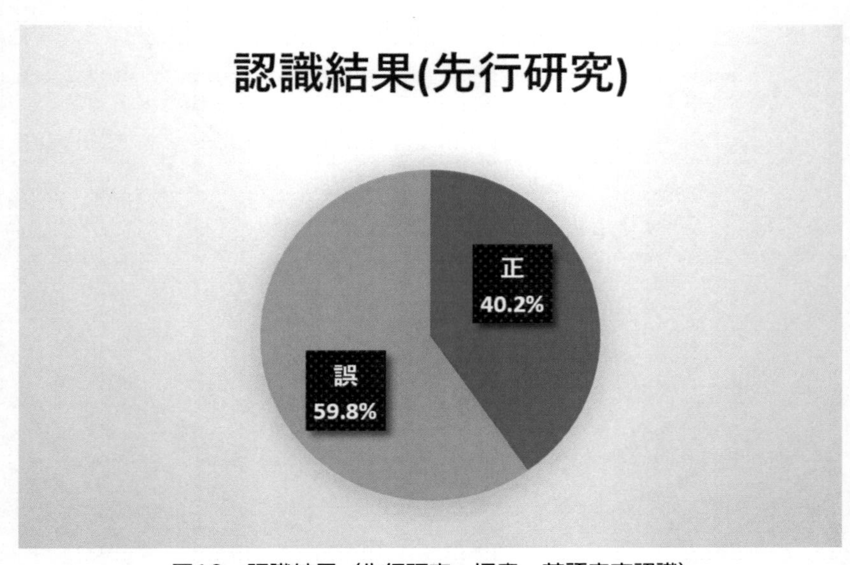

図19　認識結果（先行研究、児童、英語音声認識）

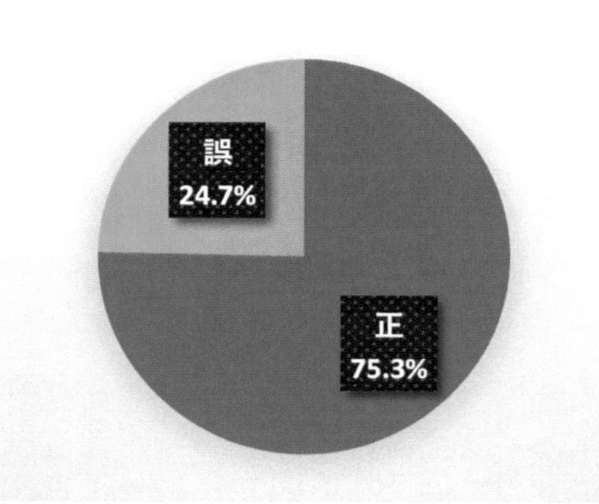

図 20　認識結果（先行研究、大学生、英語音声認識）

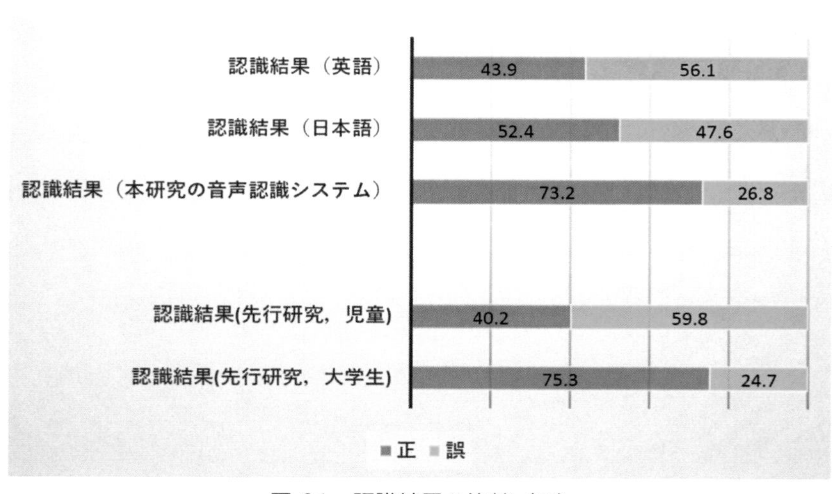

図 21　認識結果の比較（%）

図21より、英語と日本語の認識結果を比較した結果、10%程度の違いがあった。また、本システムで導入した日本語と英語の併用による音声認識率に関しては、従来の英語のみの認識率よりも高いという結果が得られ、小学生に対しての認識率向上において効果が期待できるという結果が得られた。

③ 対象データの名詞部分の抽出、及び各データの認識率の変化の評価

文字起こしで得られた固有名詞を音声データから抽出し、Watson Assistant 及び Neo 4 j が認識可能なジャンル分類の精度についての評価を行った。その結果を図22に示す。サンプル数が32個と少数ではあったものの、結果として2割弱であった分類前の認識率から、7割弱まで認識率を向上させることができた。

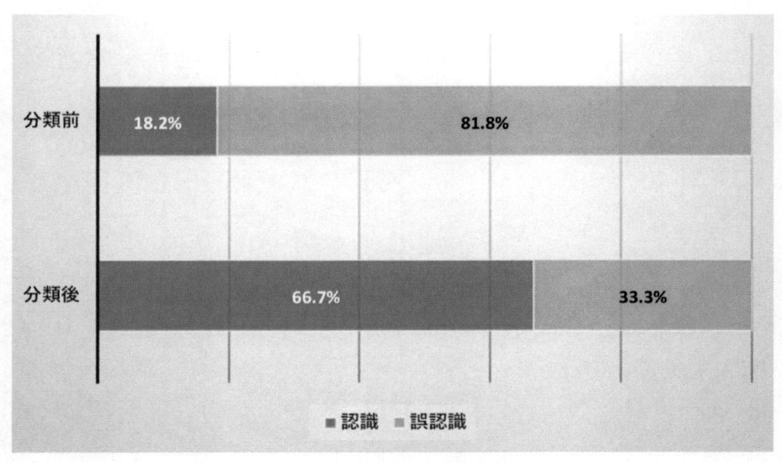

図22　ジャンル分類による認識率の変化

4.2 要件 2 に関する性能評価・実験

4.2.1 実験内容

要件 2 を満たしているかを検証するための実験を大学生 5 人に対して実施した。最終的には児童で実験を行うべきではあるが、本研究では一定以上の知識及びコミュニケーション能力を持った大学生で評価を行った。実験手順を表 3 に、実験協力者の情報を表 4 に示す。

表 3 要件 2 に関する実験手順

1. 簡単に操作の説明を行う
2. ユニット 1 のキークエスチョンである質問を始点として、先行研究の会話システム（以下旧会話システム）で 2 回会話行う
3. 同様に、本システム（新会話システム）で 2 回会話を行う

表 4 実験協力者の情報

	年齢	性別	職業
被験者 1	24	男	大学生
被験者 2	24	男	大学生
被験者 3	24	男	大学生
被験者 4	24	男	大学生
被験者 5	24	男	大学生

4.2.2　実験結果

実験結果を被験者ごとに図23〜27で示す。この図は、１回目の会話往復数及び２回目の会話往復数をそれぞれの会話システムごとに示し、２回の会話システムで行われた質問の合計数を示している。

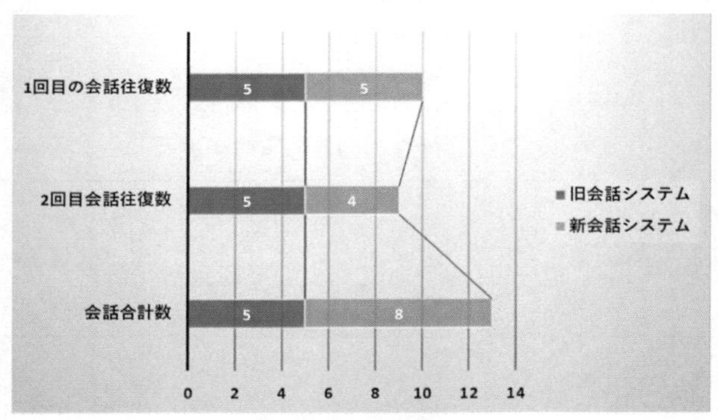

図23　被験者１の実験結果

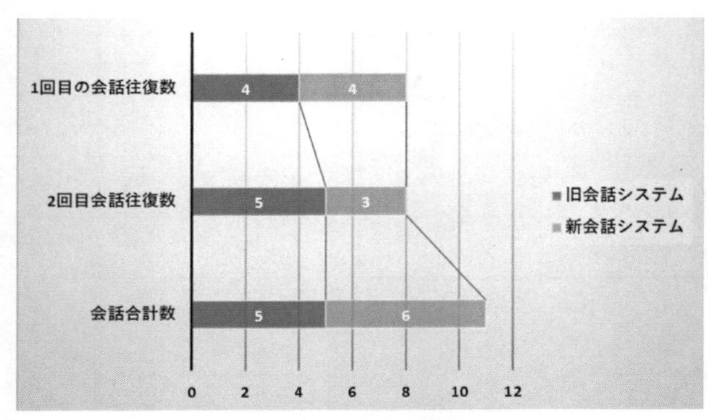

図24　被験者２の実験結果

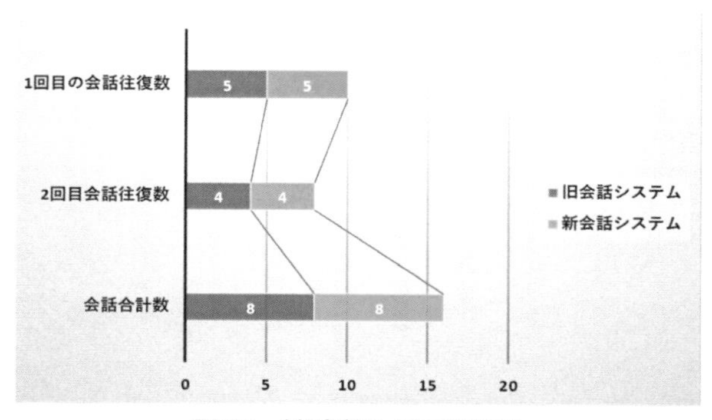

図25　被験者３の実験結果

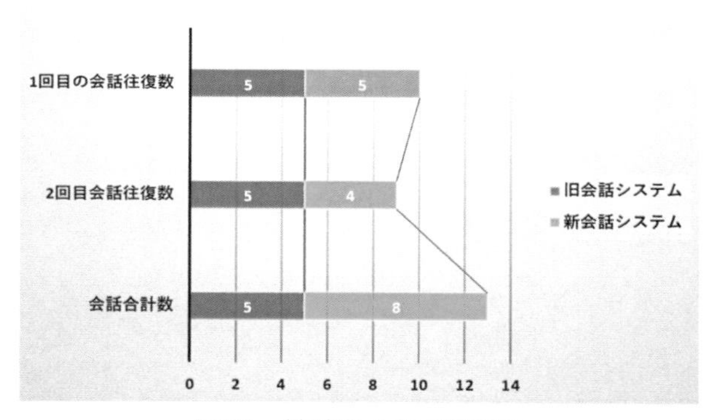

図26　被験者４の実験結果

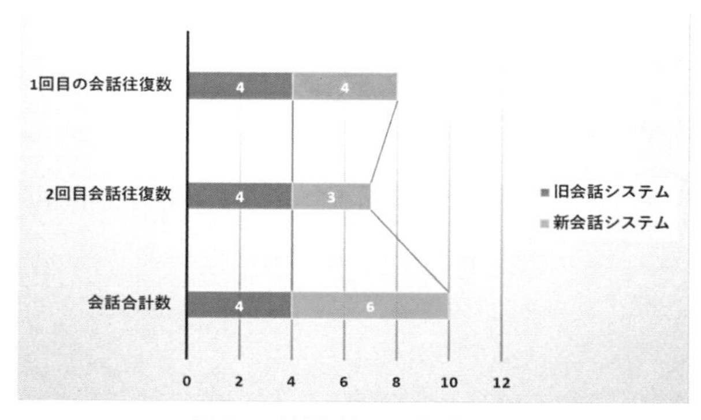

図27　被験者５の実験結果

4.3　要件３に関する性能評価・実験

4.3.1　実験内容

要件３を満たしているかを確認するための実験として、長崎市立A小学校、壱岐市立B小学校、島原市立C小学校で実証実験を行った。実施の手順を以下に述べる。また、この実証実験は2021年度に行われた実験であり、本システムのNeo４jを導入する以前に行ったため、要件３の会話に関する評価は行わないこととする。実験手順を表５に示す。

表５　実証実験に関する実験手順

１．台数の都合上、４、５人のグループに分かれてもらう
２．児童に簡単に操作の説明を行う
３．ユニットの指定などは行わず、英会話システムを児童に自由に使用してもらう
４．英会話システム使用後、表６のアンケートに、【１．そう思う、２．少しそう思う、３．あまりそう思わない、４．そう思わない】のうちいずれかを選んで回答してもらう

表６　実証実験におけるアンケート内容

１．英語が好きだ
２．英語が得意だ
３．町で外国人に英語で話しかけられたとしてもドキドキしない
４．今日の授業は楽しかった
５．今日の授業は難しかった
６．実際に外国人と英語で話すよりアプリで話した方がドキドキしなかった
７．今日の授業で英語を聞く力が身についた
８．今日の授業で英語を話す力が身についた
９．今日の授業で英語が好きになった

10.	今日の授業で英語が得意になった
11.	今日のアプリを使うと英語を聞く力が身につきそう
12.	今日のアプリを使うと英語を話す力が身につきそう
13.	今日のアプリを使うと英語が好きになりそう
14.	今日のアプリを使うと英語が得意になりそう
15.	今日のアプリを使ってまた授業をやってみたい
16.	今日のアプリは使いやすかった
17.	今日のアプリを家に持って帰ってやりたい
18.	今日のアプリを使ってできるようになったこと、楽しかったこと、困ったことなどを自由に書いて下さい（自由記入）

4.3.2 実験結果

アンケートの回答結果を図28、29に、割合を示した結果を表7に示す。

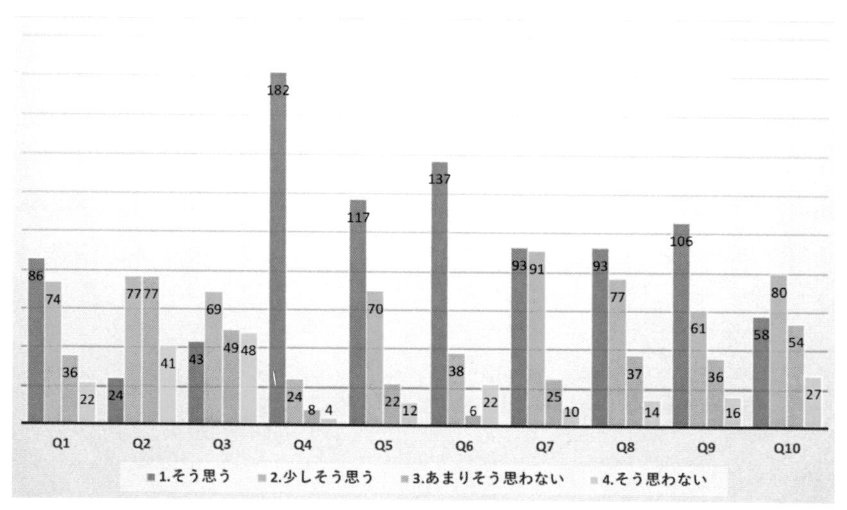

図28 アンケート結果（Q1～Q10）

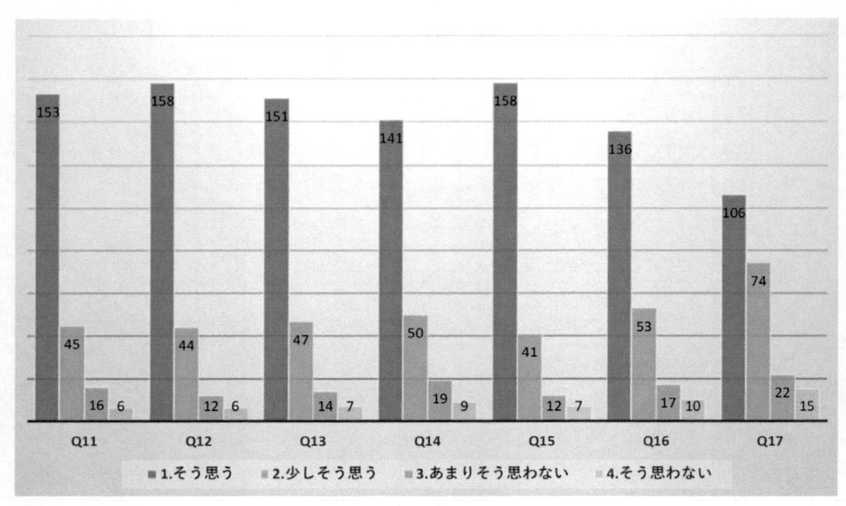

図29　アンケート結果（Q11～Q17）

表7　アンケート結果（%）

	Q 1	Q 2	Q 3	Q 4	Q 5	Q 6	Q 7	Q 8	Q 9	Q10	Q11	Q12	Q13	Q14	Q15	Q16	Q17
1	39%	11%	21%	83%	53%	67%	42%	42%	48%	26%	70%	72%	69%	64%	72%	63%	49%
2	34%	35%	33%	11%	32%	19%	42%	35%	28%	37%	20%	20%	21%	23%	19%	25%	34%
3	17%	35%	23%	4 %	10%	3 %	11%	17%	16%	25%	7 %	5 %	6 %	9 %	6 %	8 %	10%
4	10%	19%	23%	2 %	5 %	11%	5 %	6 %	7 %	12%	3 %	3 %	3 %	4 %	3 %	5 %	7 %

図30に長崎市立Ａ小学校で実証実験を行った際の様子を示す。

図30　実証実験風景

5　考察

本章では、4章で行った性能評価・実験結果についてそれぞれ考察する。

5.1　音声認識に関する性能評価の実験結果について

4.1節で行った音声認識に関する性能評価の実験結果について考察する。先行研究の英語のみでの音声認識だけでなく、日本語と英語を併用した音声認識システムを提案し、認識率の変化について実験を行った。結果としては、本システムで導入した日本語と英語の音声認識の併用が、小学生の発話に対して効果が期待できるという結論が得られた。図21より、英語と日本語それぞれを使用した際の認識率に関しては10％程度の違いであり、ユーザ側からするとそれほど大きい変化があるとはいえないが、それぞれを併用した本システムの音声認識では、大きく認識率が向上したといえる。本システムの音声認識のプロセスは日本語及び英語を両方利用した上で、会話処理部が認識できる方を選ぶため、必ず認識率は向上するというのは前提であるが、今回の結果のように大きく認識率が向上したのはそれぞれの正誤に統一性が無いためであり、それぞれの認識において得意不得意の認識部分が存在するといえる。そこで、図31のように、認識において最も重要である名詞部分、固有名詞部分、YesやI seeなどの相槌を含む返事、その他の文章に分けた際の認識率の変化を示す。

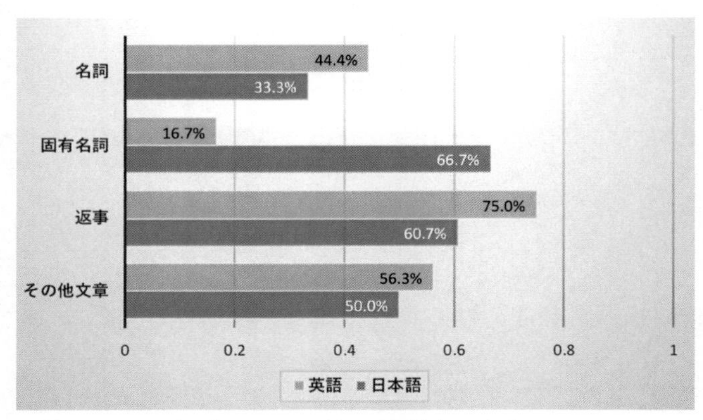

図31　各ジャンルにおける認識率の変化について

図31より、各ジャンルの認識率に違いが出ることが分かった。特に、Watson Assistant の認識で重要となる固有名詞の認識率に大きな変化があることが分かった。理由として、ネイティブの一般的な英会話と比べ、児童が行う会話は短文であることが多く、質問に対して名詞及び固有名詞のみで返答するパターンが多く発生すること、かつ、児童の発する英語はカタカナ語であるケースが多かったため、日本語音声認識が有効に活用できたと考えられる。このことから、日本語音声認識の導入は小学生の英会話において認識率向上の効果が期待出来ると考えられる。

5.2　要件2に関する性能評価の実験結果について

4.2節で行った会話のレパートリーに関する性能実験の実験結果について考察する。本実験では5人の被験者で実験を行ったが、結果としては大きく2つのケースに分けられた。被験者1と被験者3

を、それぞれケース１、ケース２とする。ケース１は新会話システムのみ会話の被りが少なく会話のレパートリーが多いというパターンであり、ケース２は旧会話システムと新会話システムの双方においてレパートリーが多いというパターンである。また、ケース１は同じ質問にユーザ側が同じ返答をした場合に起きるケースであり、８割がこのケースであった。逆に、ケース２のようなパターンが起きるためには繰り返し行われる質問に対して異なる返答をユーザ側が行う必要がある。そのため、児童にとっては難易度の高いケースであるといえる。

本研究では大学生を被験者として実験を行ったが、ケース１が８割程度であり、大学生においても同じ質問に毎回異なる返答を行うのは容易なことではないことが推測できる。これまでの実証実験を踏まえ、児童にとってもケース１のような児童の返答のみで会話のレパートリーが決定するシステムには限界があるため、Neo４j を導入した英会話システムは、小学生を対象とした英会話システムとして効果が期待出来るのではないかと考えられる。

5.3　要件３に関する実験結果について

4.3節で行ったアンケート結果について考察する。本研究について、Q４の「今日の授業は楽しかった」、Q13.「今日のアプリを使うと英語が好きになりそう」、Q15.「今日のアプリを使ってまた授業をやってみたい」、Q17.「今日のアプリを家に持って帰ってやりたい」の結果を参考に検証すると、どの項目に関しても８割以上が

１、及び２に回答しており、多くの児童が主体的に本システムに取り組めたと考えられる。

また、本研究のアプリケーションに対する児童の緊張感に関する考察として、Ｑ３の「町で外国人に英語で話しかけられたとしてもドキドキしない」、Ｑ６の「実際に外国人と英語で話すよりアプリで話した方がドキドキしなかった」の回答の比較を図32 に示す。図32より、本システムによる英会話は、外国人と話すよりも緊張しないと答える児童の方が多いという結果が得られた。このことから、初学者である児童にとって、本システムが英会話のハードルを下げ、英会話により取り組めることが期待出来ると考えられる。

なお、自由記述から見られた課題としては、聞き取りにくいという意見や、話しかけるタイミングが難しいことが多く挙げられていたため、自動的に音量を調整する仕組みの導入やアプリケーション側が話すときとユーザ側が話す時をより分かりやすく工夫するなど、本システムのユーザビリティの向上を行う必要があると考えられる。

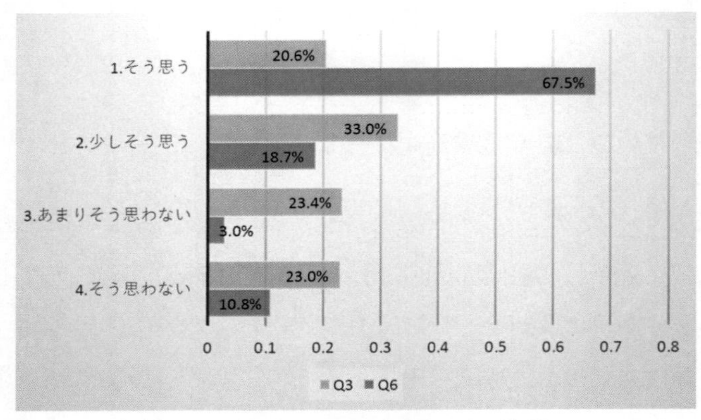

図32　会話に関しての緊張感の比較

6 まとめ

本研究ではALTの代用となりうる小学生英会話AIシステムを開発した。先行研究及び関連研究の児童のための英会話システムでは、会話のレパートリーが少ないこと、音声認識率が高いとはいえないことが課題であり、児童のカタカナ英語などを理解し、児童の好みによって様々な返答を行う、本来のALTの代用になっているとはいえないと考えた。そこで、本研究では会話履歴を児童ごとにデータベースに収集、分析することで、児童のデジタルツインを構成し、児童の好みや興味によって様々な会話をパーソナルに行うシステムを開発した。また、音声認識に関する改善策として、英語及び日本語音声認識を併用した新たな音声認識システムを提案した。

本研究では、3つの実験を行い、評価を行なった。1つ目の実験は、音声認識に関する評価として、先行研究で得られた認識結果と比較し、本研究の音声認識システムを比較検討した。結果として、本研究の音声認識システムは、小学生に対してより効果が期待出来るという結果が得られた。2つ目は、会話のレパートリーに関する評価実験を行った。結果として、本研究で導入したNeo4jを用いた英会話システムは、レパートリー向上に期待出来るという結果が得られた。これらの結果から、要件を満たし、本研究の目的を達成できたといえる。

3つ目は、児童が主体的に取り組めるシステムであるかを、アンケートをもとに評価を行なった。結果として、全ての要件を満たし、本研究の目的を達成したと言える。

今後の課題としては、児童の会話履歴の改善などを行うことによる会話レパートリーの更なる改善や、UI、アプリケーションのユーザビリティの改善などを行う必要がある。

参考文献

[1] 文部科学省、"【都道府県別】R1小学校公表資料+ R1小中校 ALT　ALT 等の活用人数の状況（小・中・高等学校）"、2019.
URL：https://www.mext.go.jp/content/20200625-mxt_syoto01-000003278_1.pdf

[2] 文部科学省、"GIGA スクール構想の実現について".
URL：https://www.mext.go.jp/a_menu/other/index_00001.htm

[3] AKA 株式会社、"Musio（ミュージオ）". URL：https://themusio.com/home

[4] 東 淳一ら、"AI を活用した次世代型英語スピーキング評価法の開発"、科学研究費助成事業（学術研究助成基金助成金）基盤研究（C)、2018.
URL：https://kaken.nii.ac.jp/ja/report/KAKENHI-PROJECT-18K00809/18K008092018hokoku/

[5] 秋山巧磨、荒井研一、小林透、中村典生、"小学生英会話 AI に関する研究"、電子情報通信学会技術研究報告、Vol.121、No.111、pp.12-17、2021.

[6] Takuma Akiyama, Kenichi Arai, Toru Kobayashi, Norio Nakamura, "Research on AI for English Conversation for Elementary School Students," Proceedings - 2021 IEEE 10th Global Conference on Consumer Electronics, GCCE 2021, pp.503-504, 2021.

[7] NEC プラットフォームズ、"PaPeRo i（パペロ アイ）".
URL：https://www.necplatforms.co.jp/solution/papero_i/index.html

[8] Google、"Cloud Text-to-Speech".
URL：https://cloud.google.com/text-to-speech?hl=ja

[9] IBM、IBM Watson Assistant.
URL：https://www.ibm.com/jp-ja/products/watson-assistant

[10] 東京書籍、"New Horizon Elementary".
URL：https://www.tokyo-shoseki.co.jp/textbook/e/13/497/

[11] アシアル株式会社、"Monaca". URL：https://ja.monaca.io/

〔12〕 さくらインターネット、“さくらの VPS”．URL：https://vps.sakura.ad.jp/

〔13〕 IBM、“Watson Text to Speech”．
URL：https://www.ibm.com/jp-ja/cloud/watson-speech-to-text

〔14〕 Google、“Cloud Natural Language”．URL：https://cloud.google.com/natural-language

〔15〕 “Wikimedia REST API”．URL：https://en.wikipedia.org/api/rest_v1/

〔16〕 “Neo4j”．URL：https://neo4j.com/

〔17〕 “MySQL”．URL：https://www.mysql.com/jp/

第5章

おわりに

第5章　おわりに

昨今、コンピュータの処理能力の向上、Virtual Reality（VR）ゴーグルの普及に伴いメタバースが注目を集めている。2023年1月にラスベガスで開催されたCES（Consumer Electronics Show）では、IoT（Internet of Things）の次の概念として、MoT（Metaverse of Things）が提唱された。これは、VRゴーグル等を着用することにより、現実空間に実際には存在しない“物”を3Dオブジェクトとして、重畳させることで、あたかも実際の“物”が目の前にあるかのように見せることを特徴としている。例えば、実際には廃墟であるのに、VRゴーグルを着用することで、すでに消失した昔の城郭を現実の空間に重畳し、あたかも目の前に城郭が存在するかのように見せることができる。このような特徴を教育に活かそうという取り組みが進められている。実際には、存在しない教育教材を、3Dオブジェクトとして表示することが可能となるため、低コストで、臨場感のある教育コンテンツの作成が可能となる。

実際、教育現場に、メタバースを導入しようという動きがある。例えば、東京大学は、「メタバース工学部」を、2022年に開講している[1]。「メタバース工学部」は、すべての人々が最新の情報や工学の実践的スキルを獲得して夢を実現できる社会の実現を目指しており、デジタル技術を駆使した工学分野における教育の場である。具体的には、メタバースの環境を利用して、工学や情報の魅力を早期に伝えるため中高生を対象としたジュニア講座と社会人や学生の学び直しやリスキリングを支援することを目的として、人工知能・起業家教育・次世代通信などの最新の工学や情報をオンラインで学ぶ教育プログラムを提供している。

長崎大学情報データ科学部でも、ITリカレント教育向けにメタバース環境を構築し、「UPDATE」という名称で、2022年度から運用を開始している。UPDATEでは、Mozilla Hubsを利用して構築している[2]。Mozilla Hubsは、Mozilla社がサーバーやクライアント、シーン作成ツール一式をオープンソース https://github.com/mozilla/hubs で公開しているブラウザで参加可能なVR空間共有サービス、メタバースプラットフォームである。Mozilla Hubsは、オープンソースであるため、だれでも自由にカスタマイズすることができる。情報データ科学部では、このMozilla Hubsを利用し、“講堂”、“教室”、“アーカイブ室”、“談話室”を独自に構築した。“講堂”では、大人数での基調講演等の実施をイメージしている。実際の大規模な講演会場のように、複数のスクリーンを表示してのリアルタイムストリーミング配信が可能である（図1）。

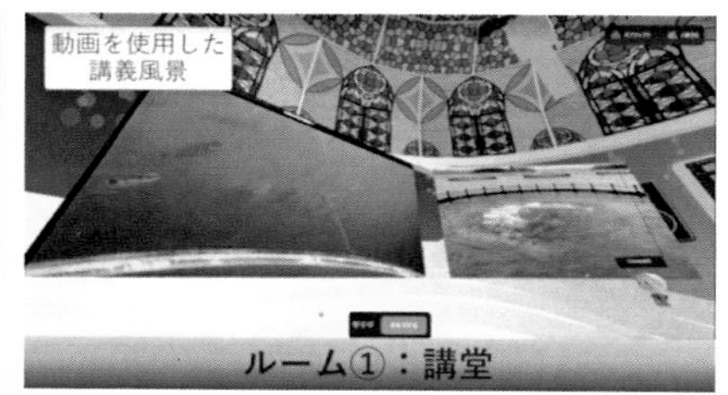

図1　メタバース環境「UPDATE」の“講堂”での講演イメージ

「UPDATE」では、その他、少人数での双方向を授業に適した“教室”や過去の授業動画などの動画コンテンツの検索、視聴が可能な“アーカイブ室”、受講生同士が雑談したり、大学からの連絡事項を確認できたりする“談話室”を設けている。コロナ禍以降、我々を取り巻く仕事の環境は激変した。コロナ禍前は、仮想空間上のツールとしては、電子メールが主流であったが、コロナ禍後は、Zoomをはじめとする Web 会議システムや Slack、Teams などのビジネスチャットによる情報共有ツール等、さまざまな仮想空間上のツールが台頭してきている。教育環境も例外ではない。特にリカレント教育に関しては、社会人が多いため、コロナの問題だけではなく、職場などからリモートで参加するケースが多い。そのため、各講師による授業や、事務局からの連絡などにさまざまな Web 会議システムや情報共有ツールが活用されている。受講生にとっては、これらのさまざまなツールを使いこなす必要があり、大きな負担となっていた（図2）。また、職場の環境によっては、セキュリティの観点から、利用できないツールもある。

そこで、これらの問題を解決するためにメタバースによるラッピングに着目した。つまり、メタバースという仮想空間に、これまで個別に利用していたさまざまな仮想空間上のツールを、埋め込むこ

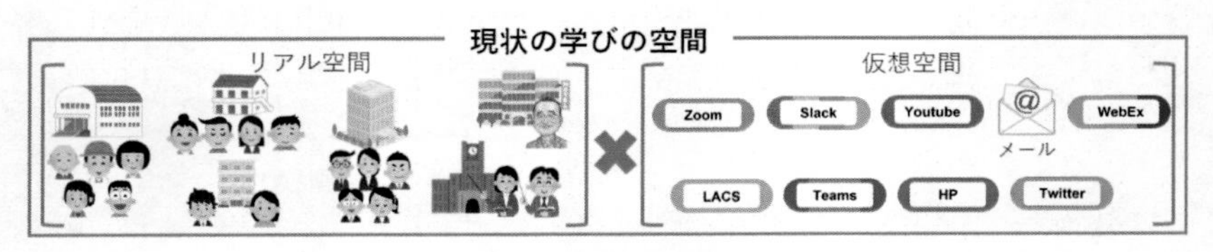

図2　現状の学びの空間の問題点

ととした。これにより、利用者は、ブラウザ上のメタバース環境で、自分のやりたいことができる仮想的な空間に移動するだけで、それぞれのツールの利用方法を知らなくても、やりたいことができるようになる。例えば、受けたい授業が開講されている講堂や教室に移動するだけで、アバターで表現される講師がメタバース空間上に共有する複数のスクリーンを参照して、授業を受けることができる。談話室に行けば、そこに掲示されている休講のお知らせ等の連絡事項を参照できる（図３）。また、利用者は、ブラウザだけでよいので、セキュリティ上の制約もない。

一方、著者らは、既存のSNSをメタバース化するMetaverse Exchangerの研究を進めている[3]。メタバースでは、仮想空間上で、個々のユーザがアバターを介して会話することができる。そこで、スマートフォンのアプリケーションによる既存のSNSをメタバースに変換することができれば、ユーザにより直感的なユーザインタフェースを提供できるのではないかと考えた。これは、身体能力や認知機能の低下によりスマートフォンを使いこなすことができない

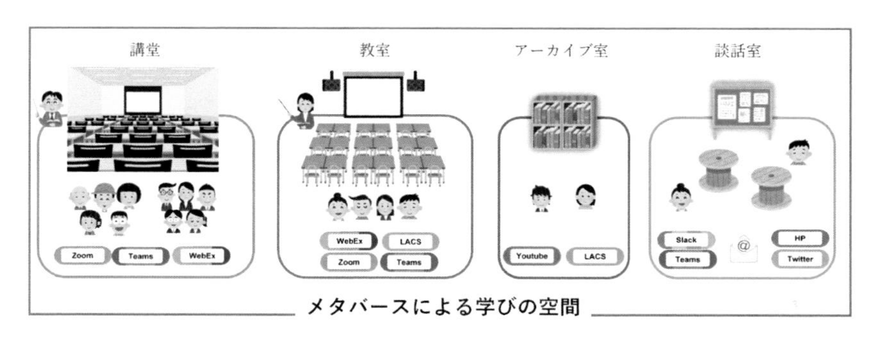

図３　メタバース環境による仮想空間ツールのラッピングイメージ

高齢者に特にメリットがある。

本研究では、既存SNSとしてLINEを取り上げ、そのメタバース変換方式として、Metaverse Exchangerを提案している（図4）。Metaverse Exchangerは、LINEのBot APIを活用して実装している点が特徴である。Metaverse Exchangerにより、高齢者は、既存LINEグループのユーザを、タブレットPC上のアバターとして認識できる（図5）。タブレットPC上のアバター化に当たっては、高齢者単独世帯でのオペレーションを可能とするために、タブレットPCの複雑な操作を不要とした。具体的には、タブレットPCの電源プラグの抜き差しにより起動、停止を可能とし、タブレットPC上のアバターとの会話によりメッセージ交換できるようにした。一方、若年者側は、日ごろ利用しているメッセージ交換アプリケーションであるLINEによりメッセージ交換が可能であるため、これまで、メッセージ交換グループに参加できなかった高齢者をメッセージ交換グループに取り込むことが可能である。

高齢者がスマートフォンを使いこなせない大きな理由の一つは、スマートフォンが多機能過ぎるという点である。例えば、ホーム画面から適切なアプリケーション、この場合はLINEアプリケーション、を選択して操作すること難しい。これは、多様な機能を備えたビデオデッキの操作リモコンを利用できないことと本質的に同じである。そこで、これらの問題を解決するためにメタバースによるラッピングに着目した。つまり、メタバースという仮想空間に、LINEユーザを取り込むことにした。これにより、高齢者は、タブレットPC上のメタバース環境で、LINE参加者のアバターをタッ

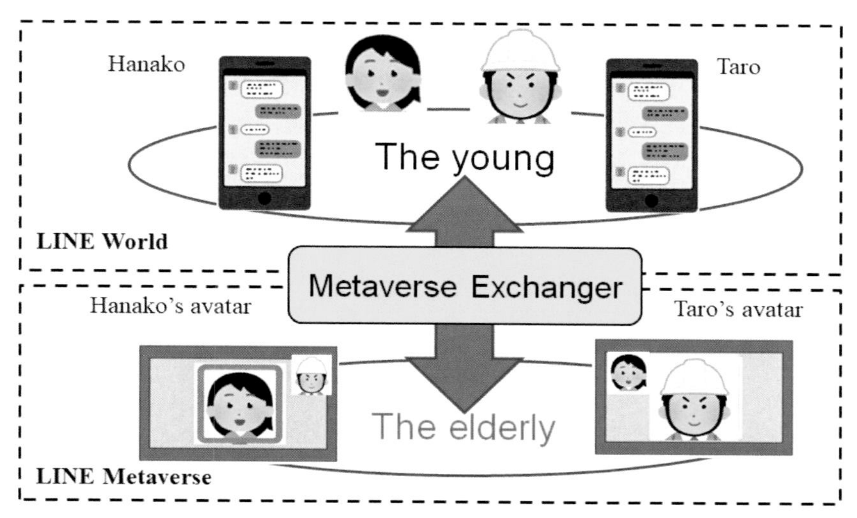

図４　**Metaverse Exchanger** の概要

図５　**LINE** 参加者のアバター表示イメージ

プし、話しかけるだけで、LINE参加者とメッセージ交換が可能である。メタバース上では、メッセージを送信してきたLINE参加者のアバターに自動的に入れ替わるため、誰からのメッセージなのか、誰にメッセージを送信しようとしているのかが直観的に理解できる。

以上の事例により、メタバースが、教育やコミュニケーションといったリアルな生活に大きなメリットをもたらすことを示した。そして、それを可能とする仕組みが、ラッピングにあることを示した。今回、我々が取り組んでいる小学生向け英会話支援システムに対しても、同じことが言える。例えば、今回構築したシステムでは、英会話のシナリオを管理・制御するIBM Watson、会話の深まりを実現するために言葉の属性を教えてくれるWiKipedia、会話の広がりを可能とするために言葉の連想関係をマッピングするグラフ型データベース（Neo 4 j）をラッピングすることで、アバターとしての英会話講師との会話を可能としている。これにより、小学生は実際の英会話講師と対話するのと同じように、特別の操作を行うことなくアバターとしての英会話講師と会話することができる。

今後の大きな方向性としては、英会話を学習する児童そのものを、デジタルツイン化して、メタバース環境に取り込むことである。例えば、アバターとしての英会話講師との会話の履歴から、その児童の好きなスポーツ、特異な科目、家族構成、英会話習熟度などを抽出して、それをメタバース環境上に、その児童のデジタルツインを構築する。これにより、アバターとしての英会話講師は、ひとりひとりの児童にパーソナライズ化した英会話学習を主導することができる。さらに、これらのひとりひとりの児童のデジタルツインを対象に統計分析することで、そのクラス、その学年、その学校、その地域の児童の特徴を抽出することができる。抽出された情報は、小学生向け英会話支援システムの高度化、永続化に役立てることができる。

いずれにしても、プロフェッショナルとしての現場の教師、講師が、児童の英会話力を向上させるために、どのような工夫をしているのか、それがどのような効果を生むのか、を分析することが重要である。今後も教育の専門家とITの専門家が協力することで、現場の教育環境に適用可能なシステムの構築に力を入れていく。

参考文献

［1］ メタバース工学部メインサイト、https://www.t.u-tokyo.ac.jp/meta-school

［2］ hubs, https://hubs.mozilla.com/

［3］ Metaverse conversion method of existing SNS using Bot mechanism, Toru Kobayashi, Atsushi Isozaki, Kazuki Fukae, Kenichi Arai, Masahide Nakamura, IIAI AAI 2022-Winter（13th International Congress on Advanced Applied Informatics）

小学校英語教育へのAI導入は可能なのか

2023年3月31日　初版発行

●編　著　中村典生・小林 透（共編著）
●発行者　仲西佳文
●発行所　有限会社 花 書 院
〒810-0012 福岡市中央区白金2-9-2
電話（092）526-0287　FAX（092）524-4411
ISBN 978-4-86561-292-9 C3037
●振　替　01750－6－35885
●印刷・製本　城島印刷株式会社